[英国] 朱莉娅·安纳斯 著　张敏 译

牛津通识读本·

古典哲学的趣味

Ancient Philosophy

A Very Short Introduction

译林出版社

图书在版编目（CIP）数据

古典哲学的趣味／（英）安纳斯（Annas, J.）著；张敏译．
—南京：译林出版社，2012.8（2025.1重印）
（牛津通识读本）
书名原文：Ancient Philosophy: A Very Short Introduction
ISBN 978-7-5447-2984-0

Ⅰ.①古… Ⅱ.①安… ②张… Ⅲ.①古典哲学－研究－世界 Ⅳ.①B12

中国版本图书馆 CIP 数据核字（2012）第 133243 号

Ancient Philosophy: A Very Short Introduction
By Julia Annas

著作权合同登记号 图字：10-2024-372 号

古典哲学的趣味 ［英国］朱莉娅·安纳斯 ／ 著 张 敏 ／ 译

责任编辑 许 丹 何本国
责任印制 董 虎

原文出版 Oxford University Press, 2000
出版发行 译林出版社
地　　址 南京市湖南路 1 号 A 楼
邮　　箱 yilin@yilin.com
网　　址 www.yilin.com
市场热线 025-86633278
排　　版 南京展望文化发展有限公司
印　　刷 江苏扬中印刷有限公司
开　　本 890 毫米 × 1260 毫米 1/32
印　　张 8.625
插　　页 4
版　　次 2012 年 8 月第 1 版
印　　次 2025 年 1 月第 13 次印刷
书　　号 ISBN 978-7-5447-2984-0
定　　价 39.00 元

序言

赵敦华

牛津大学出版社的“非常简明导论”(Very Short Introduction)[①]系列中的书篇幅虽然非常简短,但内容却不浅显。从我过去读过的几本书来看,如果没有一定的西方文化知识基础,读这些“导论”可能会有一些理解上的困难。就拿朱莉娅·安纳斯写的这本《古典哲学:一个非常简明导论》来说,全书似乎缺乏一个导论所具备的完整结构和一以贯之的线索,似乎只是在讨论一个个现代读者可能会有兴趣的哲学问题。但有希腊哲学基础的读者,不难看出作者介绍希腊哲学的一个完整思路。

本书从美狄亚杀子的希腊悲剧切入,提出了一个令人困扰的问题:她的残忍选择是邪恶的,还是值得同情的,或是两者兼而有之呢? 这是一个困难的哲学问题,西方哲学家为“自由选择”问题讨论了几千年。这个问题的根源在希腊哲学的灵魂观。本书第一部分于是开始介绍希腊哲学家的灵魂学说。第二部分以柏拉图的《理想国》为典范,介绍希腊的政治哲学,把个人的灵魂与城邦(即柏拉图所谓的“大写的人”)联系在一起。第三部分讨论伦理学问题,把城邦的幸福与个人的幸福联系在一起。第四部分讨论知识论问题,把如何正确认识事物和如何获得幸

① 该系列名称译林版定为“牛津通识读本”。——编注

福联系到一起。第五部分讨论希腊人的形而上学思想，把世界观与思维逻辑联系在一起。最后在与基督教的世界观和思想的比较之中，介绍古典哲学到中古哲学的过渡，写到奥古斯丁时的晚期罗马哲学为止。

哲学导论可以有不同写法：可以按照哲学史的时间顺序写，也可以按照问题来归纳；可以由面到点，也可以由点到面。中国人介绍西方哲学的书，通常采取哲学史和由面到点的写法。读者看到的这本关于古希腊哲学的导论，采用的是以问题为中心，由点到面的写法。这种写法的哲学导论是对哲学史著作的一个补充，而且有吸引人之处。比如，可以避免历史文化背景的介绍，直接进入具有现实意义的哲学问题。再如，不必介绍古人发现、发展某种学说的过程，而集中关注这一学说的疑难问题，从而启迪读者的思考，等等。

虽然有这些优点，我还是要提醒读者，如果要在哲学问题的思考中得到自己的洞见，就需要比较全面地把握哲学史的基础知识，多读一些哲学经典著作。黑格尔说，哲学有不同的道路，一条是"普通的道路，在这条道路上，人们是穿着家常便服走过的；但在另一条道路上，充满了对永恒、神圣、无限的高尚情感的人们，则是穿着法座的道袍阔步而来的"①。在我看来，这两条道路的方向不必相反，"穿着家常便服"的人，难道就不可以"充满了对永恒、神圣、无限的高尚情感"吗？任何学习、思考和探究哲学的人，都应该把直白的语言、明晰的思想和深邃的观点、全面的理论结合起来。否则，业余的哲学爱好者就只能是"民间哲学家"，而与哲学专业研究者闹对立。西方社会之所

① 黑格尔：《精神现象学》，贺麟、王玖兴译，上册，第48页，商务印书馆，1997年。

以没有这种对立，与职业哲学家所写的普及读物有关。我希望这本《古典哲学》不但对业余的哲学爱好者有启发教育作用，对哲学专业研究者也有借鉴作用，以此为鉴，多写一些有学术品位、短小精练的哲学普及读物。

最后想对本书的题目说几句话。这本题为“古典哲学”的书，名大于实，名副其实的题目应该是“西方古典哲学”。这不是作者的疏忽，而是西方哲学界的普遍现象。比较中西作者写的哲学著作的标题，可以发现一个有趣的差别：西方哲学家的著作大多径称“哲学史”或“哲学理论”，而不特意标明“西方哲学”，因为在西方作者的心目中，西方哲学是普遍性的理论，西方哲学即哲学一般。而中国哲学家有着强烈的特殊主义自觉，绝无把“中国哲学”当作“哲学”一般的“奢望”。在我看来，西方哲学的“野心”未免太大，中国哲学的“胆子”未免太小，两者是可以互补的，而且我们需要东西互补的哲学。这本关于西方古典哲学的书后有一年表，从公元前6世纪到公元6世纪。这段时间是中国诸子百家、儒释道三足鼎立时期，也是印度吠陀奥义和佛教、耆那哲学盛行时期。至少综合了中西和印度哲学的这些内容，才是名副其实的“古典哲学”。我期待着这样的《古典哲学》早日问世。是为序。

2007年岁末于北京大学蓝旗营

目录

前言

计划写作一本关于古典哲学的通识读物令我着迷了一段时间。我要感谢克里斯托弗·吉尔、劳拉·欧文、大卫·欧文和牛津大学出版社的一位读者，更要感谢谢利·考克斯给我的鼓励和对该书的评论。还要感谢辛迪·霍尔德在校对和编注索引方面为我提供的帮助。自不待言,本书中出现的疏漏与不足责任在我。谨以此书纪念我的朋友琼·汉普顿,我多么希望她已读到这本书。

导言

通识读物的目标并不高。但它为读者提供了直接接触这一题材的机会，并引导他们径直切入该题材的核心内容。在本书中，我尽量运用对话的方法将读者带入古典哲学，这种对话形式是讨论和论战的重要传统，我希望读者在读完本书后仍能将这一对话继续下去。

由于我集中讨论了古典哲学中显而易见的主要特征，因此便没有以标准的时间顺序来叙述传统。这不仅是因为本书**非常**简短，那样做不足取（因为传统过于丰富无法被囊括在一个极短小的篇幅中），而且也因为加深初学者对古典哲学兴趣的书籍并不缺乏。推荐书目部分告诉你如何起步，今日的初学者所能利用的各种参考书、译文和手册比以往任何时候都要丰富。

我首先在第一章（“人与兽：了解我们自己”）向读者介绍了古典哲学中的一个问题，即如何理解存在于我们自身的理性与情感冲突的问题；这是一个易于理解的问题，是现代读者在不了解所涉及的学说时便可进行探索的问题。我希望讲清楚古代辩论传统的向心性，以及对那些与我们生活息息相关的问题的现实关怀在古代传统中所具有的中心地位。在第二章（“我们为什么阅读柏拉图的《理想国》？”），我反过来集中讨论使我们与古代哲学著述者拉远距离的因素。一方面是实际时间的久远以及许多痕迹的消失，另一方面我们还应该知道其他因素的影响，这些因素使我们对古人的研究选择性强且态度易变，因此像柏拉图《理想国》这样的文本在不同的时期便有非常不同的解读。直接性和距离感都是我们要考虑的因素。第三章和第四章（“幸福人生：古代和现代”和“理性、知识与怀疑论”）讲解我们应该如何理解和研究古代关于伦理和知识的各种学说，即我们如何以一种既尊重又批判的眼光来理解古人，在存有异议的前提下向他们学习。第五章（“逻辑学与现实”）论述古典哲学大纲中的其余部分，集中讨论了一种特定的形而上的辩论命题，即自然是否有目的；如果有，那目的是什么。第六章（“一切始于何时？它们究竟为何物？”）提出问题：如果有某种将古代哲学传统联系在一起的东西，那么它会是什么。这个问题更适于在文末而不是在本书一开头提出，因为我希望读者会赞同说，我所叙述内容的主线在前面几章已经逐渐明了。（如果读者不赞同，我希望这会符合本书所讨论的辩论精神。）

然而，如果你对该题材非常生疏，我的介绍又如此简短，那么你可能会喜欢一张关于该传统的简明年表，因此后面附有一张这样的年表。表中有一条时间主线将古典哲学中的主要人物排列了出来，尽管许多人物在文中或文间框内部分均有讨论，但并不是所有人在这本书中都得到了详细论述。

按传统的说法，古典哲学始于公元前6世纪小亚细亚沿海的希腊城邦。当时相当多的哲学家一般被归入“前苏格拉底哲学”范畴，他们活动于公元前6世纪到公元前5世纪。泰勒斯、阿那克西曼德和阿那克西米尼是早期的宇宙论者，他们对整个世界作出了雄心勃勃的解释；毕达哥拉斯创立的传统强调神秘主义和权威;赫拉克利特提出了异常晦涩难懂的格言警句;色诺芬尼开始了对知识及其产生基础的长期关注。

巴门尼德和芝诺以其辩论著称，这些辩论显然无法驳斥，但得出的结论又令人无法接受。它们引起了对世界进行的哲学阐释方面的危机,在阿那克萨哥拉、恩培多克勒,原子论者留基伯和德谟克利特的宇宙论中能够发现对此作出的反应。

在公元前5世纪的后半叶，被称为智者或诡辩论者的知识分子提出了一些哲学技巧(尤其是在辩论方面)和哲学兴趣(尤其是在伦理和社会思想方面)。最为著名的当属普罗泰戈拉、希庇亚斯、高尔吉亚和普罗迪库斯。

严格意义上讲,这些人中有一些不能被称为**前**苏格拉底哲学家，因为他们在世的年代与苏格拉底在时间上有重叠的部分，但一般认为苏格拉底在古典哲学中起着承上启下的作用。他没有留下什么著作,却深深地影响了许多追随者,包括亚里斯提卜,即主张人生的目标是快乐的享乐主义创始人;还包括安提斯泰尼，即主张人的需求越少越好的犬儒主义的创始人。苏格拉底看重提问和辩论,这使他成为古典时代哲学家主要的象征性人物。

苏格拉底最著名的追随者是柏拉图,此人是最著名的古典哲学家,他写了许多哲学对话集,极富文采。柏拉图建立了第一个哲学学园,他与自己最著名的学生亚里士多德主导了公元前4世纪的哲学界。二人著述颇丰:柏拉图的著作形式完整,而亚里士多德的著作多为讲稿和研究笔记的形式。

“希腊化”时期(传统上讲从公元前323年亚历山大大帝去世到公元前1世纪末罗马共和国灭亡）最明显的特征是出现了两个新的哲学流派,伊壁鸠鲁学派和斯多葛学派。此时也出现了没有被归入任何流派的哲学运动，例如犬儒学派和第一个怀疑论者皮浪。柏拉图学园在这一阶段采取了一种怀疑论形式，而许多混合的流派则努力将不同流派思想的洞见融合在一起。

在公元前1世纪到公元2世纪，即早期罗马帝国时期，已存在的流派继续发展，哲学得以繁荣。此时虽然没有出现新的主要流派，但是人们重新对毕达哥拉斯产生了兴趣，并积极、系统地研究柏拉图的思想。

公元2到3世纪古代社会末期出现了一个全新的流派——普罗提诺派，该流派复兴了柏拉图的一些思想并被称为“新柏拉图主义”。随着基督教成为罗马帝国（后分裂为东、西两部分）的官方宗教，柏拉图主义成了主流世界观，它是对基督教产生最大影响的传统。西方第一个主要的基督教思想家奥古斯丁虽受柏拉图主义的影响，但和古代哲学思想中那些主要传统已不再有关联。

第一章

人与兽:认识我们自己

美狄亚的复仇

科尔喀斯国王的女儿美狄亚由于爱恋希腊冒险家伊阿宋而背叛了自己的祖国和家庭,伊阿宋把她带回了希腊。他们的日子变得艰难起来;为了扭转自己的时运,伊阿宋离开了美狄亚和他们的两个儿子,准备另娶科林斯国王的女儿为妻。他不了解美狄亚对他的恨有多深,她的牺牲和奉献对他来说也微不足道。美狄亚意识到,只有一个办法能让伊阿宋认识到他做了些什么、背弃了什么承诺。要让他受到的伤害与他给她带来的伤害一样深,唯一的办法就是杀死他们的儿子,使他失去子嗣,生活一无所有。但是她能这样做吗？他们也是她的孩子呀。

在公元前5世纪雅典上演的欧里庇得斯名剧中，美狄亚决心杀死她的儿子,但当她看到他们时又犹豫不决。把他们打发走以后,她又硬起心肠打算采取行动,并说出了一席举世闻名的话:

> 我知道我要做的是一件坏事，但愤怒主宰了我的计划,它是人类的最大灾难之源。

她发现在她身上有两样东西在起作用:她的计划和她的愤怒或恼恨(*thumos*)。她也发现她的愤怒是计划的“主宰”,而那计划是她经过仔细考虑要实施的。

这儿发生着什么?我们可能认为这里没有什么是值得哲学家关注的。这儿发生的仅仅是日常琐事,尽管通常情况下它们不是以这种引人注目的方式来表现的。比如我认为我选择A方案比B方案更好,但我受愤怒或某种其他情感的驱使,而选择了B。

但我们如何知道正在发生着什么?如果我采取了B方案,我怎么能发自内心地认为A是一种更好的做法?愤怒,或任何其他的情绪或情感,是如何使人们背离自己已深思熟虑决心要做的事情的?在我们拥有系统的方法来理解这个问题之前,我们和我们的行为方式对我们自身来说是神秘莫测的。当然,许多人就是处于这种状态,他们对自己行动的原因及行为模式并不清楚。欧里庇得斯戏剧得以在当时的社会上演并继续成为经典,这就引发了一种思考,我们称之为哲学思考。这种沉思的、探索性的思考,主张从他们和许多年后的我们所认同的哲学角度来诠释和理解美狄亚的处境。

如前所示,如果古代哲学及其方法有自己的主要特征,那么它们是什么?这个问题会在本书结尾处讨论。这里我们将集中论述一个有助于我们理解古代哲学家在做些什么的问题。

斯多葛学派:灵魂是个统一体

在美狄亚身上真的有两种不同的事物——她的计划和她的极度愤怒——在起作用吗?它们是如何与十分清楚事态发展的美狄亚本人联系起来的?古代哲学的一个流派,即斯多葛学派,提出了一种诠释美狄亚的独特观点作为他们的伦理学和心理学的一部分。他们认为,在美狄亚身上确实有两种截然不同的力量或动机在起作用的看法是个错觉。在这种境况下起作用的始终是**美狄亚**本人,即完整的当事者,而认为她思想中的不同部分在起作用是错误的。毕竟,她非常清楚自己在想些什么。首先她决心做一件事,之后做另一件事——但两者都是**她**决心要做的事,是权衡爱与恨的结果。

斯多葛哲学是一个哲学流派。其名称源出Stoa Poikile,意为"画廊"。这是雅典的一处柱廊式建筑,该流派的早期代表人物曾在此讲学。创始人是西提姆的芝诺,他于公元前313年来到雅典。芝诺之后该流派最有影响力的人物是索里的克吕西普(约前280—前208),他广泛地论及了几乎每一个哲学话题,并提出了许多斯多葛哲学中的权威性观点。

斯多葛哲学,尤其是在开始的时候,常显故意苛刻;强调那些远离常理的学说,以至于显得自相矛盾。但是作为一门哲学,它主张整体论——其各部分可能获得独立发展,但最终目的还是就其与所有其他部分的关系来理解它们。因此,当把斯多葛"悖论"放在斯多葛辩论和相关的观点背景下来考察时,它们便越来越显得有道理并令人信服。讲授斯多葛哲学的方法有许多种;从何处讲起则取决于听众的兴趣和专业水平。后来的一个斯多葛哲学家爱比克泰德(约50—130)讲授的方法正合听众在伦理和社会事务方面的兴趣点,他讲学的记录一直被用作对斯多葛哲学思想的生动介绍。奴隶出身的爱比克泰德影响了皇帝马可·奥勒留(121—180)关于斯多葛学说的思考,这一事实说明了斯多葛哲学的普及性。

作为一个统一体的美狄亚一会儿转向一个方向,一会儿又转向另一个方向。那么她怎么能在明智地判断出该做什么后又受更强大的愤怒的驱使去行动呢?斯多葛学派认为,事实不过是当情绪激动的时候,她遵从的是与那种状态相一致的理性——寻求复仇,因为那是愤怒者的思考方式。但美狄亚思想内部并没有真正分裂。她是作为一个整体而摇摆于不同决定之间的;而所谓她的不同部分之间的内部斗争,其实并不存在。她的情形类似于克吕西普常用来解释情感的例子:一个跑步者跑得太快停不下来,以至于**整个人**会失去控制。所以,当她说愤怒是她计划的主宰时,其意指愤怒控制了她的计划;她在思考,但思考的方法已受制于愤怒并达到了其目的。愤怒的人没有停止思考——他并不盲目行动,但他的思考受愤怒的支配。

斯多葛学派认为人的灵魂不能被分成几个部分或区域,它是完全理性的。(他们所指的灵魂,是使人类能以一种独特的人的方式生活的东西。)情感并非能够推翻理智决定的盲目的非理性力量,它们本身就是一种人们决心按其行事的理性。后期的斯多葛派学者爱比克泰德说,“她认为满足自己的愤怒及报复自己的丈夫要比救自己的孩子更可取”。盲目的狂怒不会使美狄亚拥有如此精心计划且意识清晰的复仇行动。

但是,我们说美狄亚是身不由己的;她受激情控制,因此可以肯定地说,她无法作真正的选择。爱比克泰德声称情况并非如此:她认为自己没有真正的选择机会,但她错了。她本该调整自己来面对所失去的东西,尽管这么做十分困难。他说,“别再要你的丈夫回来,那么你所想的一切都将如愿”。

我为自己所做的一切负责,我总有可能做了别的事情,采取了别的态度。如果非要说我是被情感控制了,则是逃避了这样一个事实：我才是行为的主体，而且当时也认定自己在做的一切是应该做的。爱比克泰德认为我们应该同情美狄亚，她的行动毕竟“源自一种伟大的精神”。甚至当我们明白为什么她放弃那些复仇的理由会更好时，我们仍能理解她的理由。“她不知晓去做我们想做之事的力量所在——它不会来自我们自身之外，也不会靠改变或重新安排事物而得到。”

斯多葛学派将情感作为一种理性可能不为人所熟知，而且在刚提出的时候，听上去也很古怪。在刚开始了解斯多葛派时，我也是一头雾水；斯多葛学派属于亚里士多德之后的哲学阶段，这一时期常被称为“希腊化”时期。我们可能更熟悉下面要谈的关于美狄亚的哲学阐释。它显得更近常理，是由更早时期、更为人所知的哲学家柏拉图提出的。

柏拉图：灵魂有几个部分

雅典的柏拉图（前427—前347）是最具名望的古代哲学家，这在很大程度上是因为他也是一个杰出的作家。他所写下的并非哲学论文，而是许多形式上独立的对话集，其中许多对话即使对不是哲学家的人来说也充满吸引力。以这种方式、这种形式写作不仅仅是为了达到文学效果；其对话体例从形式上使柏拉图与对话中任何人物的观点保持一定距离，又促使读者自己思考对话中讨论了什么观点、结论是什么，而不是接受柏拉图的一己之见。

柏拉图的观点新颖、大胆且广博。但在古代世界，他在哲学活动的形式方面与其内容方面具有同样的影响力。柏拉图传统有两种主要形式。第一种为持怀疑论的柏拉图学园，是柏拉图自己创办的；它历经几百年直到公元前1世纪结束，一直致力于在不坚持自己立场的情况下辩驳他人观点的实践形式。第二种为后来的柏拉图主义者的传统，他们自公元前1世纪起就系统地研究柏拉图的观点，并讲授和发展这些观点。在这两种传统中，后者比前者更具积极意义；二者的关系变化无常，并常常彼此相争。

柏拉图利用心理冲突（即两种选择之间的抗衡）的现象来说明处于如此分裂状态的人不是真正意义上的统一体；在灵魂中的两个或更多不同部分由于动机而产生的作用力之间，他也的确感到了分裂。柏拉图举了两个例子。一个例子为，一个人具有强烈的饮酒欲望，但理性地认为不该这样做，可能因为这不利于他的健康。这样他就有饮酒欲望，同时在同一方面又有一种力量拒绝这种欲望。然而争论产生了：同一事物不可能同时受两股反方向力量的影响，因此处在这种矛盾情形中的一定不是作为统一体的个人，而是其自身中朝相反方向拉扯的不同部分。当我仔细思考时，我会发现**我**不想饮酒，我想要的是不饮酒；更确切地说，我的一部分——柏拉图称之为欲望——想要饮酒，而我的另一部分——理性（我理解理性并按其行事的能力）——却被激发来抑制我的饮酒欲。

柏拉图认为我们的心理活动过于复杂，不能单纯地就理性和欲望这些方面来解释。在此之外，还有被称为精神或愤怒的第三个部分，包括被我们称为情感的大部分内容。它与欲望对立，如柏拉图在《理想国》第四卷中论及的另一种情形下的冲突所示；依此情形屈从于病态的欲望会使人对其自身感到恼怒和耻辱。这种情感不同于理性，因为它也存在于不会推理的动物和孩子的身上。尽管它通常赞同理性,但从根本上来说却语焉不详,也完全不能掌握或理清原由。

灵魂的不同部分并非同等的;理性不只是一个独立的部分,它能洞察各部分的主要利益以及作为整体的个人的利益。柏拉图坚信在灵魂中理性处于主导地位,因为理性了解自身的需求,也了解其他部分的需求,而其他部分却有其局限且目光短浅,仅了解自身的需求和利益。因此,真正的差异存在于理性和其他各部分之间:理性清晰地代表了作为整体的人的利益,而其他各部分不能突破各自需求的局限。由此,不难理解,尽管柏拉图花了许多笔墨描述想象中的三组分灵魂,可其思想的核心仍然在于我身上的理性与非理性之别,所以跟两组分灵魂说其实是一致的。

如果柏拉图的观点正确,那么当美狄亚决定最好还是放过自己的孩子,而之后又受愤怒的驱使去杀掉他们时,这其中她就经历了真正的内心矛盾和斗争。理性告诉她怎样做最好,然而灵魂的另一个部分——极度的愤怒却占了上风,成为她单独的动机之源,并且在此情况下使她走上了与理性相悖之路。

显然,柏拉图会把美狄亚的关键台词解释为,她的理性知道最好的做法是什么,但愤怒作为一种更强大的力量征服了理性。这看起来是人所共知的道理;我们的确常常会经历内心冲突,理性或激情因自身更强而占上风。乍听起来,它比斯多葛学派关于愤怒和其他情感**都是**某种理性的说法更合常理。但在解释受愤怒支配的人如何仍然能以一种清醒、复杂而又有计划的方式行事时,斯多葛学派与柏拉图相比则略胜一筹。美狄亚的戕子行为尽管骇人听闻,却是她精心策划的行动。她并没有沦为杀人狂。那么作为原动力的愤怒,真的能够使她丝毫没有理性地行事吗？

在思考内心冲突以及我们在理解这些内心活动方面所出现的问题时，有两种不同的方法来详尽阐释柏拉图的观点。这两种方法均由柏拉图提出，而他没有意识到自己必须择其一。

什么是灵魂的一个“部分”？是诸如愤怒或其他的什么情感吗？到目前为止，我们一直视其为一种直觉，在我们身上似乎有两种不同的动力源。对于理性这一部分的特点和作用，我们能够形成很清楚的概念。毕竟，我们一直在理性地思考，思考事物存在的实然状态或应然状态，以及我们该做些什么。在每种情况下我在思考的是**我**将做什么，而不是我的一部分将做什么。

但独立于理性而推动我的力量是灵魂的哪个部分呢？可以将其视为一种完全非理性的力量吗？虽然从与理性抗衡并获胜的激情那儿会得到些许启示，但很难看出蓄意的行动来自于某种完全非理性的力量。那么在美狄亚的愤怒中，是否肯定具有至少与理性相呼应的**某种力量**？

柏拉图在其著作中多次提到灵魂的几个部分均具有充分的理性，能够互相沟通，互相理解。它们能够全部协调一致，人在这种情况下就可以作为一个有机整体发挥作用。而除理性之外的几个部分却不能像理性一样运作，即使人作为一个整体进行思考；但是它们仍能对理性所要求的东西作出响应，并能在一定程度上理解理性。例如，欲望能够渐渐明白在某些情况下理性会禁止其得到满足，因此会调整自身，不致引发争斗。欲望由此被理性说服并得到教化，而不是受到压制。从作为整体的人的角度考虑，当我发现某种行为不正确的时候，我如此行事的欲望便会减弱，控制自己不去做也就容易些。柏拉图将这种情形视为灵魂的几个部分达成默契，和谐一致。理性之外的几个部分对被理性视为正确的观点有充分的掌握，并乐于接受这些观点，结果呈现的便是和谐而完整的人格。

但是这样的情形便意味着：理性从根本上控制着灵魂的其他几个部分——可以说理性要求它们做它们能够理解并赞同的事。那么为了理解和顺应理性部分的要求，其他几个部分是否有一种它们自己的理性呢？是否所有的部分均有其自身的理性？——这使得我们该用什么方式找到灵魂中**独立于**理性存在的部分这一点变得含混不清。

假设我身上有某种完全非理性并独立于理性存在的一面：这一面看起来像我的一个不同部分，但这一部分内部完全没有理性在起作用；它是如何聆听理性的，或者如何为了整体人的利益而与理性所要求的保持一致，却不为人知。这样的部分类似比人低级的动物。我们也确实发现，在柏拉图描述灵魂分裂的一些最著名篇章中，他将灵魂中除理性之外的几个部分称为非人的动物。在《理想国》接近结尾的一段论述中，柏拉图说我们身上都有一个小人在试图控制两个动物。一个部分为精神，它狂热，但稳定可控制，似狮子。另一个部分为欲望，不可预测，不断变换形状。显然，柏拉图认为我们内心的情感和欲望就其自身来说是比人类低级的力量，但可以经过理性的锤炼而形成为人类生活的一部分——实际上也形成他认为的人类生活中最快乐形式的一部分。

《费德罗篇》中的另一段论述更为著名：人类的灵魂在此被比喻成一驾马车，理性为驾驭者，驾着两匹马。一匹马驯良，服从命令，而另一匹马耳聋且桀骜，只能靠武力控制它。在一段生动的描述中，柏拉图叙述了驾驭者如何拼命控制这匹坏马所代表的性欲，但费了很大的气力。这匹马一直在尽力挣脱束缚，又不得不被拉回。它只是因为害怕惩罚才学会收敛自己。

这幅图景的可取之处，就在于它映射了我们自身；我们确实常常受到内心某些力量的驱使，而这些力量却与我们所接受的理性相抵触。但是如果我们对某些后果条分缕析，这幅画面会更令人不安。如果我自身的一部分可以用一个动物来恰当代表的话，那么我的某部分实质上是低于人类的，严格说来也就不会是**我**的一部分。它之所以成为我的一部分，只是因为它对真正代表我的"理性"表示顺从。这就出现了一种自我异化现象，我的一部分被视为脱离了自我本身而存在，因为它以其自然面貌呈现，且从不驯服于真正的自我。

这其中的道理是不难看出的，自视为柏拉图主义者的后世作家盖仑在描述美狄亚时指出：

> 她明知自己在做一件邪恶而又恐怖的事……但愤怒又一次像一匹桀骜不驯的烈马挣脱了驾驭者的控制，用强力牵着她奔向孩子们……理性又拖着她回来……之后又是愤怒……然后又是理性。

基于此，美狄亚最后的行动是自身不同力量搏斗的结果；强者胜，暴力征服了理性。这种解释便会让人很难接受斯多葛学派的分析，即美狄亚实际上采取的是精心策划的行动。爱比克泰德认为，美狄亚显然是按照经深思后对她而言是最佳的方案在行动；问题是，这一想法遭到了愤怒的侵蚀而变形。在愤怒的前提下，她的行为便完全可以理解了。她不是被冲昏了头脑，而是她的理性被淹没了。

另外，这些不同的自我检视的方法，会使你在看待那些受愤怒影响而行事的人的时候,采取不同的态度。爱比克泰德很同情美狄亚:她关于应该如何行事的想法是错误的,一个可怕的错误, 但当我们考虑到这是一个高傲而尊贵的人在遭到背叛、自身价值被否定后的自然反应时,我们就能够理解,甚或同情。爱比克泰德认为我们应该同情美狄亚,他自然认为我们能理解她的观点。与此相反,盖仑则认为美狄亚受控于灵魂中兽性的部分,并将其视为兽性的,像"受天性鼓动的蛮人或孩童"。美狄亚"代表了蛮人和其他未开化的人,在他们身上,愤怒的力量强于理性。而在希腊人和文明人身上, 理性的力量强于愤怒" 。(尽人皆知,盖仑将自己视为文明的希腊人。)

这样,柏拉图的观点就比他本人认识到的要复杂得多。它会导致两种不同的解释:将我的某些部分看成是低于人类的而且并不属于真正的我;或者将这些部分看作是理性较低一级的伙伴,与理性发生争执或者顺从理性。第二种观点显然更接近斯多葛学派的主张。

问题与学说

柏拉图和斯多葛学派对美狄亚的诠释是从人类心理学和情感的迥异角度展开的。由此我们发现,当人们试图从哲学的角度来理解基于情感而不是良好的判断采取行动会出现什么情况时,结果众说纷纭,并出现了强烈的歧义和冲突。这也是美狄亚的例子之所以是思考古典哲学的一个绝佳引言的原因之一,因为在希腊和罗马形成的哲学思辨传统常常伴随着强烈的分歧和激烈的争辩。哲学立场往往在与其他立场的对话和对抗中发展自己。继柏拉图之后,斯多葛学派公开反对这种灵魂具有不同部分的观点,而盖仑则在反对斯多葛情感说的同时发展

图 1　德拉克罗瓦的美狄亚：一只遭追捕的猎物

图 2　桑迪斯的美狄亚：故意选择邪恶

出了他自己的柏拉图主义观点。除极个别情况外，古代社会的哲学是一种从相互竞争的探讨领域发展出来的思辨方式。当然，哲学家和他们的追随者坚信自己的观点是正确的，但是他们不奢望观点普遍一致；大家都清楚还存在着相对立的、常常是同样受人尊崇的观点。

那么，哲学诠释或学说对我们会有什么帮助呢？我们可能会觉得，了解斯多葛—柏拉图关于如何正确解释美狄亚的心理世界的争论这一点对我们理解美狄亚并没有多大帮助。

但是，对我们所关心的现象，很难不去追问其哲学意义。我以美狄亚为例，是因为这个例子不仅在古典哲学中得到探讨，而且在现代世界继续成为强烈关注的对象。如果我们看一看这个题材的艺术表现，或看一场欧里庇得斯原版戏剧演出或现代版演出，会立刻发现：在斯多葛—柏拉图辩论中，必须要选择一个立场。是否可以将美狄亚表现为受激情所困而失去了判断最佳行动方式的理性能力？或者将美狄亚表现为这样一个女人：她因不能放下自己的傲慢与尊贵而平静地做着在她看来于人于己都很可怕的事情？

19世纪的两幅美狄亚画像深刻地表现了这一点。欧仁·德拉克罗瓦所表现的美狄亚是盖仑心目中的美狄亚形象：一个被非理性情感淹没、看起来完全非人的形象。美狄亚莫名地半裸着身体，头发凌乱，视线寓意深刻地笼罩在阴影中；她正在一个黑暗的山洞里，扭抱着孩子们，像一只遭追捕的猎物。然而，弗雷德里克·桑迪斯富有象征意义的画作则表现出美狄亚对自己的所作所为掌控自如。画面上，她的周围摆放着刚刚开始复仇时使用的器械；美狄亚知道自己选择了邪恶之旅，并因此受到困扰，但画面表现出来的美狄亚却在冷静而又从容地思考着。

虽然这幅画的表现形式与斯多葛学派的主张相去甚远，因为它美化了复仇，但比起盖仑的柏拉图式观点，这幅画还是远为接近斯多葛学派的观点。

在表现欧里庇得斯的《美狄亚》时没有折中的办法，导演和演员必须就如何表现美狄亚这一人物作出基本的决定，并且他们还会受到翻译和所选版本的影响。这也决定了为什么美狄亚一直是人们讨论理性和激情的首选案例。由此，对这种案例的任何反思似乎都在告诉我们：我们需要寻求哲学的诠释。但哲学的诠释本身又是分裂的！它又如何提高我们的认识呢？

对一个令人迷惑难解的案例中所发生的一切作出哲学的阐释，其结果可能不会让所有人满意。（案例越令人迷惑，在诠释上越不易达成共识。）但基于上面提到的原因，我们感到必须对理性和激情进行哲学性反思：只有试着去理解正在发生的事情，我们才能理解我们自己。如果我在愤怒时做事，之后反思发现自己背叛了在我看来是最正确的做法，那么我就不会明白自己为什么这么做。如果我接受柏拉图的观点，我会认为自己具有内在分裂，并将自己的行为看作我自己的各部分间的协调一致或争斗的结果（这取决于我是将理性之外的各部分视为本身对理性具有接纳性，还是仅将其视为非理性的、兽性的部分）。如果我接受斯多葛学派的观点，那么我会认为自己作为一个整体摇摆于两种不同的行动方式之间，或是考虑自身整体利益，或是受各种情感影响。在任何一种情况下，我都会更好地认识自我和他人。

正如我们将看到的，在古典哲学传统中，哲学上的理解是系统的，它是庞大的理论中的一部分。柏拉图关于灵魂有几个不同部分的说法是在不同对话集中的不同语境下提出的。例如，在《蒂迈欧篇》中，他认为灵魂的各部分实际上分布在身体的不同部位。在《理想国》中，他将个人灵魂的各部分与理想社会的各部分进行了精巧的类比。斯多葛情感说是其伦理学说的一部分，也是他们对理性在人类生活乃至整个世界中的作用所作论述的一部分。

大多数古代哲学家通常将自己的职责视为认识世界，包括认识我们自己，因为我们是世界的一部分。哲学家亚里士多德对此所作的解释最令人难忘：从本性上讲，人类都渴望“去理解”。希腊语中该词往往被译为“去认识”，但这会引起歧义。这里的意思并不是对已知事实进行堆砌，而是达到理解，是那种我们在掌握某个领域的知识并系统地对事物的本来面目作出解释时所需要的东西。当我们发现事物难解时，通常会着手寻找这样的解释，而亚里士多德则强调哲学始于奇想与迷惑，并在我们为问题找到越来越复杂的答案和解释时得以发展。我们首先为自己按激情而不是按较好的判断行动感到不解；当我们拥有一种关于人类行为的更一般性学说来对其进行解释时，便会更好地理解这一点。（关于这方面亚里士多德有自己的学说，它显然更接近斯多葛学派的观点而不是柏拉图的观点。）

亚里士多德（前384—前322）是柏拉图最伟大的学生，但其分析方法却完全不同于柏拉图。他是一个围绕问题展开论述的哲学家，研究出发点或是日常思考引发的问题，或是之前哲学家著作中发现的问题。他兴趣极其广泛，著作覆盖多个领域，包括形式逻辑学（由他首创）、生物学、文艺理论、政治学、伦理学、宇宙论、修辞学、政治史、形而上学等等。他是一个系统论的思想家，在很多哲学语境中使用了诸如形式、质料这样的概念。但是他的著作(讲座记录和研究笔记)追求体系却未形成体系。虽然后来他的著作被体系化,方法却常常并不妥当。(见第91—93页。)

参见第94页图片。

当我发现在这个问题上各个理论彼此对立,赞同一个理论便意味着否定另一个理论时,情况又是怎样的呢?我继续寻求进一步的理解,而不是退缩。因为此时很清楚的是,我应该自己思考,研究不同的学说及这些学说背后的推理过程——因为我要自己判断哪种学说最有可能是合理的。在目前情况下,显然柏拉图的观点和斯多葛学派的主张不可能都正确,那么哪一个正确呢?无论得出怎样的结论,我都要被带入各个理论及其推理过程。如果我只是感觉自己更喜欢某种理论而不是其他理论,却不能论证为什么会这样,那么我就已经放弃了最初要认识事物、跨越迷津完成解释的动力。古典哲学(一般来讲就是哲学)的特点是不会让事物捉摸不定或令人迷惑,而是让它更清楚,在理性面前更易看懂。因此,阅读古典哲学时需要读者的即时推理,需要促成思想的对话。

教授古典哲学有时就是对一系列伟大思想家的介绍,学生应该吸收、尊重他们的观点。古典哲学的精髓无法逾越。打开古典哲学的大部分著作,我们会发现辩论正在进行之中——而我们也受到挑战,被邀入其中。

第二章

我们为什么阅读柏拉图的《理想国》?

我们为什么要阅读柏拉图的《理想国》呢?这个问题可以从多个角度来思考。它也许意在追问阅读这部著作的意义——我们从中得到什么样的哲学启示;也许意在探寻将这部著作而不是其他著作呈现给我们的历史原因;我也可能出于大学必修课的要求来阅读这部书,许多人都是这种情况。我们并不是在真空中阅读哲学著作,在阅读一部著作时的背景和因阅读而带来的收获之间存在着一种重要的联系,尽管这种联系还远未被完全理解。

第一章向读者介绍了古典哲学论争中一个重要的问题,(我希望)它并不难理解。但并不是古典哲学中的所有问题都这么容易被现代读者所接受。本章会收起在这一问题上的笔墨,来讨论哪些因素使我们无法接触古典哲学的文本及主题。只有当我们了解了哪些因素促使我们对一些古典哲学产生了直接的兴趣,哪些因素妨碍了我们接触古典哲学,我们才能知道如何对这一来自遥远而不同文化的哲学文本进行阅读与思辨。

传统及其传承

在讨论《理想国》之前,我们应该思考古典哲学的整个传

图3　享乐主义者菲洛德穆关于愤怒的一部莎草纸作品的片断

统——它怎样流传到我们手中；我们接受它时已发生了怎样的变化；这种变化的方式怎样（比如说）影响了我们对柏拉图以及类似《理想国》这种著作的阅读。

古典哲学首先是一种极为广博而丰富的传统。它始于公元前6世纪，在西方随着西罗马帝国的灭亡而终止，在东方随着拜占庭王国的衰败而结束。古典哲学在希腊城邦（尤其是雅典）兴起并获得发展，在罗马人统治了地中海及其周围地区时，古典哲学得以进一步繁荣，并在罗马帝国的大部分时期成为其文化的主导力量，且不同程度地融入了基督教文化。古典哲学文本体系庞大且极其繁杂。其中包括许多类型迥异的哲学运动，它们有些推崇神秘的直觉与教义，有些主张缜密的论辨；还包括了许多观点各异甚至对立的流派，例如斯多葛派和伊壁鸠鲁派；另外也包括很多立场迥异的哲学观点，如唯物论、二元论、怀疑论和相对主义。它们之间的差别将在第六章有更详尽的讨论。这里我要集中讨论那些影响我们接受传统的因素，这些因素影响我们怎样将古典哲学视为成就了一种传统或经典，也影响我们如何将某哲学家视为至关重要。

首先，我们只有拥有传统，才能考虑传统中的哪些部分重要。西欧的大部分古典哲学在西罗马帝国灭亡时流失，主要原因出自文化的变化和政治的不稳定。在数百年内，除了柏拉图的对话集《蒂迈欧篇》之外，唯一被深入理解的古典哲学著作是亚里士多德的著作，他的思想主导了中世纪的哲学。文艺复兴时期，人们多渠道重新发现了更多领域中的古代哲学家。但随着历史的因缘际会与命运沉浮，许多作者的原稿遗失，我们只能读到关于其理论的二手评论以及他们自己的零星话语。在所谓的希腊化时期，所有“前苏格拉底”哲学家以及亚里士多德之后的许多哲学家都经历了这样的命运。关于古典哲学的著作不断有新的发现，主要是在埃及干燥的沙漠中发现了写在莎草纸上的著作——有一批伊壁鸠鲁的著作在维苏威火山爆发时以炭化的形式保存了下来。但是鸿沟依然存在，要想了解哲学中的一些人物和流派，我们仍要依赖后人粗浅的描述。

公元79年，维苏威火山爆发，在那不勒斯附近的赫库兰尼姆，融化的火山岩覆盖了许多贵族的乡村住所。其中一个住所自18世纪便开始进行挖掘，里面有哲学家伊壁鸠鲁的大量著作及后来的追随者讨论其思想的著述。这些著作展示了伊壁鸠鲁派内部及该流派和其他哲学流派间尚不为人所知的哲学争辩。这些书为莎草纸（古代的一种纸）制，学者们对其中烧焦的部分进行了细致的研究。

许多古典哲学真迹的发现均具有相似的偶然性，到我们手上的也是零零星星、不成体系。

方法的差异

上述情况引起了研究方法上的差异。有时只能通过研究零散的片段以及二手资料来了解作者，而那些二手资料又融入了阐释者自己的态度。所以，要想正确理解所研究的哲学观点，必须先从历史和解释的角度入手。直接进入哲学主题会有冒险性，得出的观点可能不成熟，结果只是反映了我们自己的哲学兴趣。如果作者的论述以哲学对话的形式出现，作者参与对话，我们又能够读到这样的著述，那么这就是一种更直接地接触作者的方式。因此，柏拉图和亚里士多德哲学得以在哲学系的讲台上占有最显要的位置也便不足为奇了：我们拥有他们的全集，而像伊壁鸠鲁这样的作者，我们仅能读到他们零星的原文。

然而，这种对比可能被夸大了。柏拉图是唯一一位我们有把握说已拥有其全部出版作品的作者。亚里士多德发表的著作没有一部能够完整地保存下来，流传到我们手里的是他的（极丰富的）研究和讲学笔记，这些笔记本身在解释上就存在问题。而即使柏拉图也不是一个容易读懂的作者：一方面，对话形式拉远了作者与他所提观点的距离，并且与其他任何古代哲学家相比，对柏拉图的诠释可能是最千差万别的。所以如果不成熟地认为柏拉图和亚里士多德与我们的哲学问题有密切关系，就很有可能像误读前苏格拉底学说一样误读这两位思想家。对于有些作家和流派，我们只能读到其部分原作，但它们仍会提出一些立刻吸引住我们的哲学问题，当然，对这样的作家和流派，我们还要从历史的和解释学的角度做些工作。过去的二十年中，古典哲学在研究、出版和教学的旨趣上均发生了很大的变化，由原来的仅仅关注柏拉图和亚里士多德转向研究希腊化时期（后亚里士多德时期）的哲学家。

变化的兴趣

古典哲学的传统是多面的，可是我们的研究为什么集中在古典哲学的一个方面而不是其他方面呢？尽管哲学传统的传播过程变幻莫测，并且对于历史或哲学兴趣是不是推动性因素，人们也莫衷一是，但哲学兴趣始终是一个不可或缺的因素，而且该兴趣点随着时代的变化而变化。二十年前，对柏拉图和亚里士多德的研究处于主导地位；相比之下，目前的研究者和教授者则将视线转向了更广泛的问题和更多的哲学家；类似的转移和变化过去也出现了很多次。由于没有一个单一的中立办法来全面囊括庞大的古代传统，更不用说讨论，那么有选择地研究也就不足为奇。如果我们只接触了一种研究古典哲学的方法，也不必感到惊讶——这看起来既自然又必然；我们也会因此看不到其局限性，尤其是当这种传统一代一代地由教师传授给学生，其地位又通过相关书籍和期刊文章得以巩固的时候。

有时我们至少可以追问：什么样的智力背景使得不同时代的人们以某种方式对古典哲学传统的不同部分感兴趣。有时古典哲学的一些著作似乎销声匿迹了，它们举不出扣人心弦的主题，也没有提出答案富有争议的问题。而在另一些时候，它们确实又这样做了。至少在某种程度上，我们自己的哲学兴趣决定了我们关注古代传统的哪一部分。（应该如何对它们及其变化作出解释则另当别论。）因为我们会看到，这并不是单行道。研究古典哲学文本，能够帮助我们厘清并加深对一些问题的理解。（详见第三章。）由于一些古典哲学著作自18世纪以来在传授和发扬西方哲学思想上的显著作用，它们不仅确实构成了该题材的古代史，而且也构成了其现代传统的一部分。

柏拉图《理想国》不断变化的命运

柏拉图的《理想国》是一个很好的例子，可以用来说明一部古典哲学著作如何在当代哲学话语中愈发引人深思或不再是个值得思考的话题。它可能是最富于戏剧性的例子了。

在19世纪的一部分时期和20世纪的大部分时期，《理想国》无疑是最广为人知的古典哲学著作。它可能是古典哲学著作中唯一一部拥有众多读者的著作。在许多国家的大学、学院和中学开设的古典哲学课、哲学入门课、“西方文明”课、政治哲学课和人文课中，《理想国》均是学习的内容。如果你在这些课程的任一科中必须接触古典哲学或柏拉图,《理想国》显然是首选。在有关柏拉图的现代读物中,《理想国》是柏拉图思想的核心和精华,最能代表柏拉图思想最重要的方面。

柏拉图的《理想国》

在《理想国》中,柏拉图试图说明一个人生活得快乐在于其正直、高尚——这要靠人自己去争取,而财富、地位和其他通常受重视的事物却与幸福无关。这一富于挑战性的论题的依据为:美德存在于人的灵魂的合理有序、结构井然,以及理性在其中的主导地位(见第一章)。合理有序而又如此高尚的灵魂,好比合理有序而又如此健康的体魄,会使一个人生活幸福,而破坏了灵魂的有序状态则会导致不幸。这部著作的框架,就是柏拉图对这一观点的展开和辩护:同大众信仰相反,柏拉图认为幸福存在于美德,即灵魂的合理有序状态中,甚至在可能出现的最贫穷、最痛苦的情况下也是如此。

作为灵魂结构的模型,柏拉图描绘了理想社会的构架:不同类别的人按照彼此受益的方式有序地存在,由"卫国者"进行治理;像理性为整体人的利益服务一样,"卫国者"为社会上大家的共同利益服务。柏拉图将这种对社会共同利益的关注推向了极端:卫国者不会有家庭生活或私有财产,生命中的大部分时间要用于培养那种抽象的形而上学的"形式"说(关于这一点参见以下第82—83页)。惊人的是,不仅是男人,女人也要成为卫国者——或"哲人王"(当然也有"哲人王后"),有时这样称呼他们是考虑到他们接受了严格的哲学方面的教育。

在《蒂迈欧篇》和未完稿的《克利提亚》中，柏拉图通过亚特兰蒂斯的故事，以叙述体进一步丰富了这样一幅理想社会的构图。以这种理想社会的标准来反观历史，它是反对那种有异国情调、浪漫但腐朽的亚特兰蒂斯社会的（亚特兰蒂斯是位于大西洋中部的一个岛屿，后来沉没）。柏拉图没有写完的这个故事，可能是他在哲学传统以外对文学领域最具影响力的贡献。

另一个要点是：阅读《理想国》主要是因为它简要描述了一个理想社会。柏拉图在该书中描绘了一个近乎完美公正的社会，在这个社会中，根据财富和政治权利的不同，人们有着完全不同的劳动分工。统治者为"卫国者"，他们会全身心投入到公益事业和国家管理中。那些从事我们所说的经济活动的人，则会被排除在政治管理活动之外，因为他们的生活方式使他们只考虑自身的利益；他们不适合登上公共舞台，因为在公共舞台上需要捍卫的是公共利益。相比之下，卫国者阶层的人是受过教育并以牺牲个人利益、服务公共利益为准则的。

人们通常认为，这一理想化的政治框架是该书的思想主线；确实，在介绍这本书时，人们会把它当作柏拉图对当时在他看来属政治问题的主要思考。《理想国》包含很多主题。然而，人们常常认为，把这些主题联系在一起的是柏拉图的政治观点，即只有在一个为所有人的利益进行治理的理想国度，人们才能善良，而至幸福。有时这种由智者进行统治的理想被看作是对柏拉图成长于其中的希腊民主文化的回应，他的回应方式被认为是精英统治论及反动精神。阅读该书的这种方法如此根深蒂固，以至于至少在美国图书馆，《理想国》及相关著述被摆放在政治科学书架上，而不是摆在哲学史部分。我们查找该书的方法便向我们提示了应该如何来阅读它。人们也常想当然地认为，应该讲授这本书对政治思想的贡献，其他方面仅作为补充说明。

但是我们应该这样来阅读此书吗？还有其他的阅读方式吗？

在古代世界，《理想国》被作为柏拉图对话集之一来阅读，但绝不被视为他最重要或最核心的思想。当哲学家开始系统地研究柏拉图的思想时，他们推崇的对话集是《蒂迈欧篇》，那是一本诗意的宇宙论。《理想国》中最著名的观点是理想的统治者应该没有私人的家庭生活，但“妇女和儿童应该共有”这一众所周知的论断则被视为怪异而非深刻。柏拉图在书中的政治观点遭到亚里士多德的批判，也没有进入古代政治思想的主流，虽然其他对话集，如《政治家篇》和《法律篇》中论及的政治思想成为了主流。

在中世纪传播柏拉图著作的脉络中，人们从伊斯兰教传统的角度来研究《理想国》，认为它提出了一种理想的宗教领袖所应具备的精神和世俗权力的结合。在基督教的西方，这一思想并没有得到发扬。他们倾向于从政教分离的角度来思考问题，这与之前这部著作的研究长期被忽视有关。文艺复兴时期，这部著作引起了极大关注，意大利的思想家把自己视为柏拉图主义者，认为它提出了理想的乌托邦幻想。整个17至18世纪，柏拉图在哲学界遭到冷落；如果他的《理想国》有人过问，也仅仅被看作是个怪物。（见第82—83页框内部分。）

后来在19世纪，柏拉图的地位发生了戏剧性的变化——他在古典哲学研究中上升到显著的位置，并持续至今。柏拉图在英国地位的上升尤其耐人寻味，它经历了三个阶段，每个阶段都与不同的哲学研究方法相对应。

柏拉图全部著作的英语首译本由托马斯·泰勒于1804年完成。泰勒自学成才，在其坎坷的一生中，翻译柏拉图的作品完全是出于钟爱，因此评判他的译文糟糕确实令人难于启齿。泰勒将柏拉图的思想置于新柏拉图主义框架中进行审视（新柏拉图主义是人们后来对柏拉图的一些形而上学思想从神秘主义角度进行的详细阐释），得出的结论受到浪漫主义作家的欢迎，但受其影响的却是华兹华斯的诗歌而不是哲学家们。

19世纪早期，被称为功利主义者的哲学家首次一致尝试将柏拉图看成论辩型的哲学家。这令人诧异，因为功利主义者关于伦理学和形而上学的观点几乎完全不同于柏拉图的观点。然而，约翰·斯图亚特·密尔一派重新确定了柏拉图的论辩型哲学家的地位。功利主义哲学家乔治·格罗特的《柏拉图》（1865）是第一部基于严谨学术研究的论述，该书单独讨论了每一个对话自身的主题和目的，认为柏拉图追求一种无确定答案的哲学探讨，有时武断，有时与他人辩论而自己却不给出结论。格罗特不赞同柏拉图的观点，但富于同情地指出：柏拉图采用了不同的辩论方法，遵循了不同的方向。从本质上来说，柏拉图是通过论辩来追求真理的；在这样的一幅图画中，《理想国》只是众多对话集中的一个，其中蕴含的政治观点并不被看作柏拉图思想的核心成分。

但是，最终胜出的柏拉图是第三个柏拉图，是理想主义哲学家本杰明·乔伊特的柏拉图。乔伊特以一种通俗易懂的形式翻译了柏拉图的所有作品（1871年出版），第一次使柏拉图走近普通读者。(我们想当然地认为翻译是正常的,但是只是在几年前,《理想国》才得以被译成韩语和冰岛语。当读者需要阅读希腊语或另外一门语言的《理想国》时,却只有受过教育的名流才能做到。)乔伊特认为柏拉图是有理想主义倾向的系统的思考者,对乔伊特来说,《理想国》在柏拉图将伦理学、形而上学与政治学结合在一起的方式中起到了核心作用。另外,他认为这种政治理想处于中心位置——这一观点被后来几乎每一个阅读此书的人所认同。

为什么柏拉图的理想国家说看起来是一种严肃的政治思考(而不是乌托邦空想)?到19世纪中期,政治思考关心的问题似乎与《理想国》相关。民主和全民公投虽然长期被贬为不守纲常的暴民统治,它们却逐渐成为真正的政治选择,古希腊的民主城邦也逐渐取代古罗马共和国,为英国和美国政治家和政治思想家思考自己的国家提供了一种模式。古希腊的历史第一次以积极的态度来呈现古代民主。如果《理想国》可以被看作是柏拉图对民主的思考,那么这本书对19世纪政治辩论的贡献应该很多,有积极的也有消极的。事实也的确如此。

乔伊特帮助确立了《理想国》在古典研究中的中心地位(该地位至今不衰),并且将其作为严肃、富于挑战性且理想的政治文本来研读,这已广为学术界所认同。19世纪在大学学习过《理想国》的精英男士们应该受到激励而树立起为公共利益忘我奉献的理想,这种理想可以矫正被视为自私的经济野心。这种卫国者的理念被认为是能人统治论:政治上的统治地位要靠教育和勤奋工作来赢得,而不应靠贵族式的特权来继承。柏拉图关于妇女卫国者的观点作为一种对理想的表达发挥了作用,对这种观点进行深思会帮助男人树立起妇女在社会上享有同样的政治权利的观念——她们有选举权和受教育的权利。(这里我们看到维多利亚时期对性别介入的焦虑:乔伊特竭尽全力将妇女卫国者和柏拉图关于“妇女和儿童应该共有”的观点区别开来。)柏拉图坚持主张为公民搭建一个大众教育系统,这一主张被视为推动了民主化进程,普及了教育,并将提供这种教育视为国家的义务。柏拉图抱怨民主,认为管理需要专门知识——这一想法被用于关于现代代议民主和扩大选举权的不间断辩论中。《理想国》提供了思考现代问题的素材,而19世纪的人们明确了柏拉图的理想国家说是该书的主导观点。

乔伊特关于《理想国》的诠释经久不衰。在讲英语的国家,它的生命力超出了理想主义者的哲学及产生这一哲学的政治辩论。即使在今天,人们也通常认为:阅读这本书的简便办法就是把它当作理想主义者的政治宣言,在此宣言中形而上学和伦理学诸问题在理想国这一框架内得到展开。对于这些思想到底有多少“实用”价值,学者们莫衷一是:有些学者仅把它们当作激发人的理想的力量,其他学者则把它们视为蓝图,可以直接付诸实践。而在20世纪,对这本书的一般反应却来了个大转弯:从尊重到敌视。维多利亚时代的政治较量一结束,《理想国》就与更幽暗、更现代的观点联系到了一起。从20世纪30年代开始,“卫国者”的观点已被看作极权主义,有时甚至是法西斯主义的观点,而柏拉图要普及大众教育和文化的主张更被说成是宣传鼓动和洗脑。

《理想国》是政治蓝图吗?

“是否《理想国》揭示了三四个伟大的真理,在柏拉图看来，用国家的形式来表达他的思想最自然不过了？……借助希腊城邦，柏拉图向我们展示了他的想法——关于神的完美，即善的想法，它似眼睛能望到的太阳；关于人的完美，它是公正；关于教育，它始于青年时期，并在其后的年月中延续；关于诗人、智者和暴君，他们不是人类真正的老师，是邪恶的统治者；关于'这个世界'，他们的体现；关于一个国度，它不存在于大地，而高悬于天空，成为人类生活的模式与规范 ……我们从而不必讨论柏拉图所描绘的国家是否具有现实性……因为他的思想可行与否与其所蕴含的真理没有任何联系。"

本杰明·乔伊特，《理想国》英译本前言

"哲人王即柏拉图本人，而《理想国》是柏拉图获取王权的声明。"

卡尔·波普尔，《开放社会及其敌人》，第一卷

今天，尽管人们已不再那么激烈、那么愚蠢地抨击法西斯主义，却极少有教师认为《理想国》蕴含着可以效仿和鼓励的积极思想。更常见的说法是，它蕴含着一套令人厌烦的、精英主义的而又排他的政治主张，即使是那些一直被教育要学会容忍和包容的学生，也能够毫不费力地提出批评意见。然而，最根本的假设没变：本书的主旨是对理想的政治共同体进行描述，这个共同体的组织和结构为政治辩论所涉的真正问题提供了答案。

《理想国》的政治理想

“柏拉图并非一个理想主义者，政治上极权主义和社会有机体论与他的想法是格格不入的。他眼中的人类社会，既不是原子或个体的简单并置，也不是一个自顾自地发展而与其个体成员无关的超级有机体。它是由个体组成的群，由一个共同的目标结合在一起，能够合作共事。”

约翰·怀尔德，《柏拉图的现代敌人及自然法学说》

“我认为柏拉图的政治纲领，从道德上来讲远非优于极权主义，而是基本上与其一样。”

卡尔·波普尔，《开放社会及其敌人》，第一卷

在这方面它一直如此实用，而且引发了如此之多的哲学研究，以至于使人很容易忽略一点，即将《理想国》解释为本质上属于政治学说是维多利亚时代的做法，而我们已不再拥有像维多利亚时代那样的理由把这部著作当作一种能够引起共鸣的政治典范来研读。只要看一看自19世纪以来关于这本书的诸多相互矛盾的阐释，这一点便很清楚了。政治角度的阐释之所以一直存在，在当前其部分原因是，作为政治哲学著作，它易于评论。因此它一直被作为一种教学工具，充当一个轻而易举便被攻破的靶子。然而现在对这部著作的类似评价已经尽其所有，许多学者正越来越关注阐释本身的基础。

探究背景与文本辩论

《理想国》**是**一部政治著作吗？这是一个复杂的问题，没有

一个简单的答案。但是当发现政治角度的阐释只有极短的特定渊源时,你可能很想自问(如果你已经读过这本书):你当时是受到什么启发来读这本书的?为什么?你可能想回顾它的文本,并且怀疑当时自己受启发去阅读本书的方法是否是最好的方法。

《理想国》的一个显著特征,就是对理想国家的叙述仅占该书的一小部分。它过于简短粗略,不足以被称为政治行动的"蓝图",而且也不是该书的主要框架。这本书的主论题在第二卷的开篇提出,在第九卷的结尾作答;它包括柏拉图试图回答的这样一个问题:"我为什么要讲道德? "讲道德似乎是让他人而不是我本人受益。我在生活中为了追求个人目的而忽略或侵占了别人的利益,这样做难道不是更好吗?柏拉图认为,对一个人来说,即使在现实世界可能有的最糟糕的环境中,遵奉道德至上的生活从理性来看也应该被当作最好的生活。为了说明这一点,柏拉图使用了理想国家作为比拟对象来解释讲道德的人的灵魂结构。正如他在论证的最后所说,理想国家向我们展现了这种抽象结构,讲道德的人认为这是一种理想得到内化、变为一种期望过上美好生活的愿望。但是理想国家说并不是统领《理想国》全书的观点,柏拉图提出的关于现实世界的问题也无法在不完成书中大部分论证的前提下借助于一个理想国家说来解决。

显然,这仅是描述该著作总体计划的开始。你可能要自问,理想国家说在说明个人灵魂的结构方面起了什么作用?与柏拉图在对话集《政治家篇》和《法律篇》中的政治讨论相比,《理想国》中的政治观点有多少严肃性? 最为根本的是,你可能要问,将理想国家说引入到关于个人道德的论争中是否是柏拉图的一个较好想法？当然，它是柏拉图更具启发性的观点之一。

为什么自19世纪中期开始，人们常常将《理想国》主要视为一部关于政治学说的著作？显然在某种程度上，维多利亚时期的人们，以及后来的几代人，已经利用《理想国》来形成他们自己的观点，并且通过研究这部著作知道有必要这样做。柏拉图笔下的卫国者被那些为建立一个更公平的社会而操心的维多利亚时代人士看成是精英统治者，也被那些为极权主义国家而焦虑的20世纪思想家们看成是法西斯主义的**老大哥**。但是假如从《理想国》中能够得出如此不同的结论，我们究竟还能不能在其中找到一种单一的政治哲学呢？

这可能是个令人失望的想法。它促使人们反思这样一个问题，即并没有真正的理由对这本书作客观的阐释和评价，每一代人甚或每个读者心目中都有自己的《理想国》，或至少推衍出其中的政治哲学。跳出后现代学术圈，这种结论似显悲观。这本书确实似在言说某种问题，读者的关注点不同，便会出现论争。它以一部哲学著作的面貌出现，鼓励我们通过理性的争辩和讨论来发现真理。

对《理想国》的阐释千差万别，我们不应据此就认为这落入了阐释的相对性，而应认为这显示了文本的丰富与深刻。自乔伊特以降，即使这部著作的政治内容被极度渲染，但对文本的解读却鲜活而富有创见；在文本的末尾，我们可以做一回顾，看看文本中蕴含的不同思想还有多少可以发展丰富。《理想国》进入并深化了19世纪和20世纪的许多政治讨论，我们对其进入和深化的方式深感钦佩。研读一部古典哲学著作的方式可能是一条双向路径，《理想国》便是一个最佳例证。对一部古典哲学著作进行讨论会丰富这种讨论，同时这种讨论又会提供一种解读这部著作的视角。

人们易于把《理想国》不断变化的命运视为一种警示：当一部古典哲学著作被当作某种“适于思考”的东西，脱离了支撑物（即柏拉图的著作整体）或者采取到目前为止我们所接受和研读它的方式时，情况会怎样呢？但是我们也可以更虚心地接受教训，在研读一部古典哲学著作时，我们应该至少明白三点。第一，我们阅读和阐释这部著作时，应把精力集中在文本本身的研读上。第二，从哲学角度讲，什么更突出、更有趣？什么会使我们更聪慧？对于这样的问题，要有我们自己的设想。第三，我们研读的著作是否能够激发自身富有创意的哲学思考？这些因素可能影响力不同，并以不同的方式发挥作用。从《理想国》的研读史来看，我们知道了一点：不了解这些因素可能会导致毫无结果地去争辩这些彼此冲突的阐释孰是孰非。

如果我们对第一章的结论进行思考，就会发现：有时古典哲学中的一个问题可以立刻使我们介入其中，但是现在，我们也会发现这种态度中的潜在危险。我们还应该警惕自己看问题的方式，其中个人哲学兴趣的变化会对我们确定古代传统中哪些哲学问题有趣这方面产生影响。由于读者兴趣的变化，一部著作的地位会从边缘到中心，从伦理著作变为政治著作，最极端的例子应属《理想国》。其寓意并不是说我们对《理想国》的阐释仅是自己的偏见，而是说我们应该清楚自己在哲学上的兴趣及其所起的作用，以便减少它们对我们的潜在影响。我们对古典哲学的某些部分丝毫不感兴趣，而对另一些却非常熟悉。有时我们不应将它们与现实联系起来，而应该关心我们对其进行阐释的传统。

对古典哲学思想的研究可能在第一章听起来还算容易，但现在听起来可能更难了。对于古典哲学中的许多文本，尤其是像柏拉图的《理想国》这样的最著名的文本，正确的方法当然是把它们既当作可供阅读和辩论的文本，又当作就其自身而言属于我们之前悠久的研究史中的研究对象。毕竟，这是我们所期望的。当我们开始阅读古典哲学家的作品时，我们像是第一批探索者；但是不久就会发现，我们与它们相隔不仅仅是二千年的历史，中间还有许多阅读和撰述它们的传统。在找到把我们和古人分开的因素后，在找到我们所研究的"经典"文本不断变化的原因后，我们更多地从哲学上讨论这些因素，而不是将其与哲学讨论分离开来。

第三章

幸福人生:古代与现代

你要选择

任何研究古代世界哲学的人都熟识普罗迪库斯关于大力神赫拉克勒斯的选择的故事。普罗迪库斯是公元前5世纪一位所谓的“智者”,即专事研究的知识分子。我们是从后来的作家色诺芬那儿知道这个故事的,他记述了哲学家苏格拉底的谈话。

在苏格拉底与友人亚里斯提卜的谈话中,亚里斯提卜坚信:当你想要什么的时候就该去拿到它,而不要拖延对愿望的满足。苏格拉底对此予以反驳,认为这种处事原则是危险的。如果你不能约束自己的愿望,那么你最终就会听命于那些能够管住自己的人。这些人利用其很强的自控能力在和你的竞争中获胜,从而控制你的生活。亚里斯提卜不相信这一点,他认为他能够过这样一种生活:追求自我满足感,同时又能够避免受他人的左右——这便是通往幸福之路。

智者

“智者”这一术语用来指公元前5世纪的一些知识分子,

他们没有形成一个统一的知识传统，却代表了一个新的动向。他们游历于各城市间，为赚钱而传授各种知识技巧，其中最畅销的便属修辞和辩论方面的技巧，这些技巧会为学员在公共生活中提供一种优势。虽然其关注内容只有一些可归于哲学传统，但他们也算得上哲学传统的一部分，这是因为柏拉图在他的许多对话中称他们为华而不实且不称职的蠢人，烘托出他的英雄人物苏格拉底。柏拉图的描述带着幸灾乐祸的口吻，有失公允，但我们在任何细节上都没有足够的独立例证来反驳它。

最著名的智者有伊里斯的希庇亚斯、科斯的普罗迪库斯、卡尔西登的特拉西马库斯以及阿伯德拉的普罗泰戈拉。希庇亚斯以著作颇丰著称，普罗迪库斯以语言研究闻名，在《理想国》中特拉西马库斯被描述为持有一种正义，这种正义被降低为为强者的利益服务。普罗泰戈拉是唯一持有一种重要哲学观点，即相对论的人；相对论认为，一个信念是正确的，只是因为它在拥有该信念的人眼里似乎是正确的。柏拉图在他的对话集《特埃特图斯》中驳斥了这种观点（见后面第72页）。

柏拉图对智者的鄙视出于多种原因。他不接受他们的观点，尤其是相对论。他认为：以获得金钱利益而传授知识技巧，是把这些技巧当成了商品，从而降低了其自身价值。因为这是以知识技巧为你做了什么来衡量其价值，而不是以其自身原因而给它们以尊重。他也认为，正是因为智者的不严肃性，他们在哲学辩论中实际上是不胜任的。当然在柏拉图对这些人的表述中，他们也确实如此。

苏格拉底不同意这种看法。他认为这不仅仅意味着避免他人对你做什么，而且意味着你如何看待自己的人生。为了说明这一点，他讲述了普罗迪库斯关于半神半人的赫拉克勒斯的故事。赫拉克勒斯在刚步入成年的时候来到了一个十字路口。两个女人走了过来，各自劝他选择那两条截然不同的道路中的一条。一个女人显得入时、大胆且刻意打扮。她跑到他前面，督促他选择那条易行的路——满足自己的愿望，随时做自己想做的事，只需考虑如何花最少的力气去做。她说：尽管我的敌人称我为邪恶（或快乐），但我的朋友称我为幸福。另一个女人从举止来看严肃、谦逊，她用言语而不是外表来请求赫拉克勒斯跟她（美德）走，尽管在她指出的路上要付出努力，会不断遇到挫折，成功会来之不易。她说：我所提供的一切是有价值的，但需要你付出并学会克制；邪恶和快乐提供了通往幸福的便捷之路，但最初的魅力会渐渐消退，留下来的东西没有什么价值，而美德则是通往成就与尊重之路，从而构成真正的幸福。

赫拉克勒斯的选择在西方艺术中是个常见主题。下面这幅画出自保罗·德·马泰斯之手，他于1712年受沙夫茨伯里第三代伯爵、哲学家安东尼·阿什利·库珀之邀，为后者论述美德的书绘制插图。该画和许多类似图画所强化的某种信息使现代读者感到不适：道德上的选择被描绘成两个女人竞相争得一个男人。更有甚者，尽管强调起作用的是现实而不是外表，但在表达这点时经过充分考虑，作者还是将一个女人描绘得比另一个更有魅力。

但除此之外，这样一个在我们看来过于浅显易懂的故事却如此闻名，我们可能对此感到迷惑不解。大家会认为：如果让你在美德和邪恶间选择，你显然应该选择美德。但这只是问题简

图 4　赫拉克勒斯在质朴的美德与诱人的快乐间进行抉择

单的一面。难点是搞清楚美德指什么;将美德描绘为一个谦逊的女子而不是一个不知廉耻、行为不检的女子有性别歧视之嫌,而且对我们没有多大帮助。如果我们这样想,可能也是因为大多数20世纪的伦理思想使古代的伦理框架显得生疏。但相对而言这是最近的看法,并且随着美德在哲学和政治话语中出现的频率越来越高,这种看法现在正迅速得到改变。结果是,我们现在很容易赞同美德对赫拉克勒斯所说的话。

美德和邪恶为赫拉克勒斯提供了通往幸福的不同道路。普罗迪库斯将某种重要的观念阐释得很清楚——他是最早的此类哲学家之一，这种观念即我们在自己的生命中都在追求幸福。这种想法也见于稍晚些时候的哲学家德谟克利特和柏拉图的论述中。柏拉图强调说,否认幸福是我们人生的终极目标、是每个人人生之路的终点是非常荒唐可笑的。

但是普罗迪库斯还强调了另外一点。当你刚刚步入成年，向往幸福并有意识地为之努力时,你会面临一个**选择**。你不能拥有全部，你不能在人生的征程中一方面满足自己的各种愿望,另一方面又希望实现有价值的目标或过一种你或他人都会尊重的生活。明确承认幸福是人生目标会使你同时认识到应该按一种方式而不是另一种方式来思考及安排自己的人生。生活给你提供了各种选择机会,你必须作出决定。几个世纪后,了解到更为复杂的讨论的西塞罗仍然认为:这个故事就每个人的人生及人生态度道出了某种深刻的东西。

幸福与快乐

在对上面这个故事的不同讲述中,那个不知廉耻、行为不检的女人通常是邪恶或快乐。在我们的道德哲学传统中,如果说快乐是一种不好的、不可取的获得幸福的方式，这似乎有些奇怪。约翰·斯图亚特·密尔是功利主义传统的主要创始人，他实际上将幸福定义为快乐、没有痛苦。但是即使我们不承认快乐事实上构成了幸福，由快乐的**反面**美德构成幸福的看法也仍然显得有些古怪。从这里我们可以看出古代伦理思想在概念上赋予幸福的内容是不同的。

古代伦理思想中的幸福并非指感觉良好或心情愉悦；它根本不是一种感觉或情感。幸福与否，是就人生整体而言的，因此对幸福的讨论也就是对幸福人生的讨论。不走运的是，对我们来说幸福并不仅仅指人生，还包括那些时刻和转瞬即逝的经历。正因为考虑这些不同的方面，现代关于幸福的讨论很快便让人迷惑不解。在古代伦理学中，对幸福展开伦理讨论的角度决不同于“感觉良好”。

有时你会从你的日常生活中退后一步，思考自己的整个人生。你可能由于一次危机而被迫这样做，或者是要经历你人生中的一个阶段，例如，正如赫拉克勒斯的故事一样，不再是青少年而是成年人这一转变促使你思考自己一生要做什么，你的价值何在，以及什么对你最重要。对于古人来说，这便是伦理思考的开始，是伦理反思的切入点。一旦你有了自我意识，就会面临选择并要处理这样的情况：某些价值和行动排斥其他的价值和行动。你要问自己：你所有的关注点是如何结合在一起的，或者如何未能结合。所有的古代思想家都认为，通过使自己的关注点顺应自己的最终目标*telos*，你追寻的是如何使人生有意义。因为，那些不能以任何全面的方式将自己的关注点结合在一起的人们基本否认了自己所做的一切都是自己的，否认这一切结合在一起构成了自己的一生。

关于你的人生前景、人生中所表现的价值，你能讲出什么呢？一开始，可能不多。只是在思考了一些伦理学说之后，你才会对什么样的价值支配了你的人生这样的问题产生一个较明晰的看法。但有一点，即使在寻求理论帮助之前便可以肯定：正如自普罗迪库斯以降的哲学家都赞成并由亚里士多德最广为人知地提出的，人们都认为自己的最终目的是获得幸福，人们所做的一切都是为了过一种幸福的生活。（因此古代伦理学说被称为幸福论，取自希腊文*eudaimonia*，意为幸福。）

为什么这一点应该如此显而易见？如果通过快乐或感觉良好这样的概念来介绍幸福，便不会如此一目了然了。但是幸福符合我们的最终目标所拥有的**形式上的**特征，也就是说，甚至在我们开始询问幸福涵盖哪些内容之前，幸福的人生也是要满足某些要求的。任何可能被包含进幸福的内容，如美德、快乐等，都必须满足这些要求。将你的所有关注结合在一起的整体目标应该是**完整的**：你所做的一切都是为了这一目标，而不是为了别的什么。这一目标也应该是**自足的**：它不会放弃你生命中任何对美满生活有价值的部分。这些尽管有深刻含意，却是常识。在常识或直觉这一层面，幸福是唯一的目的，在完整而又自足的整个人生中，这是一个能够理解的人生目标。我们为了幸福而去做其他的事情，但是为了某种进一步的原因而需要幸福，这听起来没有什么道理。而一旦我们生活得幸福，我们便不缺任何使我们生活美满的东西了。这些在古代幸福观中是显而易见的。但亚里士多德立即指出，它们说明不了什么，因为在如何对幸福进行分类这一点上存在着很大的分歧，关于伦理学的不同思想流派均源于此。

然而，有一点从一开始便是肯定的。幸福是拥有一个幸福的人生——是指你的整个人生。而快乐更自然地被理解为一种片断式的感受,是你此时所感而非后来所感。它是指你在完成构成自己人生的各项活动时的感受。你可能在享受一顿饭,一段交谈,甚至是此时而非彼时的生命。但是按照古代的思考方式,你不能够此刻幸福而彼时不幸福,因为幸福是相对于你的整个人生而言的。

因此我们就会发现为什么在普罗迪库斯的故事中,快乐所起的作用就是提供一条通往幸福的明显歧途。快乐使我们关注此时此地,以及眼前需要满足的愿望;这就妨碍了人的自我控制能力和理性的整体反思能力,而这种能力正是要投身于有价值的事业的人生所必需的。快乐是短暂的,幸福是久远的。所以,与现代看待这个问题的角度完全相反,快乐似乎连被涵盖进幸福的潜在可能性都没有。你的整个人生怎么能够专注于快乐这种一时的满足呢?这样做的人犯了大错,因为他满足于眼前的快乐,而失去了对人生其他内容的适当关注。

事实上,在古代伦理学中,把快乐当成伦理目标的享乐主义一直处于防守姿态。反对者乐于将此解释为:在人类对快乐的追求中,某些方面本身就没有什么价值。但这只是启发性的说法。真正的问题是:把快乐当作指导人整个一生的目标是有缺陷的。这一点从两种主要的享乐主义学说中便可见一斑。

亚里斯提卜建立了昔兰尼学派,名字源于他们在北非昔兰尼的家乡。它并不是一个自成一体的学派,但是其成员都认为我们的最终目的,即我们在我们所做的每件事情中所追求的是快乐。他们理解的快乐,毋庸置疑地是指当我们享受某种经历或对此感觉良好时所拥有的感受。快乐是动态而不是静态的(痛苦亦如此)。快乐彼此没有分别,一种快乐不比另一种快乐更快乐，也就是说，快乐是指一种单一的体验，无论产生它的环境怎样，它是一样的。我们只有亲身经历才能感受到什么是快乐。我们只知道我们的感受，而不是带来这种感受的东西。因此已经逝去的过去的快乐和正在走来的将来的快乐，都不能与我们正在经历的现在的快乐相比；有时根据昔兰尼学派的说法，好像只有现在才存在似的。当然，现在确是举足轻重的，我们应该着眼于获取现时快乐来安排我们的生活。

享乐主义的种类

北非昔兰尼的亚里斯提卜（约前435—前355）去了雅典并成了苏格拉底的助手。关于他生平的资料无从考证，主要是些轶事；这些轶事表明他过着一种丰富多彩的生活，醉心于满足自身，不考虑自己的尊严，也不关心他人。然而，他非常关心女儿阿雷特，把自己的思想传授给她；她又把它们传授给自己的儿子小亚里斯提卜，小亚里斯提卜可能是属于昔兰尼流派的系统哲学的奠基人。

雅典的伊壁鸠鲁（前341—前270）对享乐主义拥有自己的理解，尽管他确实接受过一些哲学方面的教育，但他自称靠的是自学。大约公元前307年，他在雅典建起了一个哲学学院。与柏拉图、亚里士多德和斯多葛学派的学院不同，伊壁鸠鲁的学员并不在公共场所集会，讲学内容也主要是辩论与论争技巧。伊壁鸠鲁的学院被称为花园，名字取自他的家乡；在讲学中鼓励学员学习和记住伊壁鸠鲁及其他创始成员的话语。口头和笔头的讨论贯穿学院历史的始终，但是伊壁鸠鲁享乐主义者将伊壁鸠鲁视为将人从不幸中拯救出来的救世主，一束闪耀之光；其他学院的哲学家则认为这种看法过于恭敬。伊壁鸠鲁的主要贡献是他的享乐主义伦理学。在他的自然哲学中，他继承了较早时期原子论者德谟克利特的观点，发展了一种在古典哲学中不常见的世界观，认为世上没有天意或任何形式的目的论，虽然有神存在，但其对世界或人类没有兴趣。

如果最重要的是获得现时的快乐，那么幸福出了什么事呢？单单是在古代哲学家中，就有一些昔兰尼学派的人士认为我们不应考虑幸福。一个幸福的人生是一个有计划的人生，其间过去、未来的快乐因与现在的快乐相关而有意义，但是如果我们仅考虑追求现在的快乐，那么幸福常常会挡在中间，我们对此应不予理会。

对你的人生来说，这可能听起来像是一个自毁的策略。它注定要寻求那种来自诸如性爱与毒品的强烈的现时快乐，而不考虑你的未来。实际上，昔兰尼学派不必固守这一点，他们只需坚持以下观点即可：只有在能够产生现时的快乐时，思考或关心你的整个人生才具有价值。这就意味着全面思考你的人生只具有辅助作用，只是实现其他目的的手段。这一想法看起来并不具有多少说服力。无论如何，昔兰尼学派在古代伦理思想中至多只是一个怪异的流派。

伊壁鸠鲁似乎从他们的失败中吸取了教训，他试图将快乐当作实现幸福的条件，而幸福则满足了整体的要求；如此一来，他就使自己的学说更易为人所接受，更趋于主流。他认为，你对自己整个人生的关注并不只提供了手段供你享受现在，而是像人们通常认为的那样，关注你的整个人生有其自身的意义。然而，幸福的人生实际上就是充满快乐的人生。

从已经迈出的几步中我们可以看出以下说法听起来仍令人感到奇怪：追求短期的满足怎么能和对你整个一生至关重要的长期关注**混为一谈**呢？伊壁鸠鲁不得不否认快乐总是一种短时期的享乐。他坚持认为快乐分两种，其中一种是人们从类似进食、饮酒、性爱等活动中获得的享乐，是一种“动态的”快乐；还有一种是“静态的”快乐，**这种快乐**才是我们应追求的实现幸福人生的恰当方式。静态的快乐即没有身体的疼痛和精神的困惑，在这种状态下，你不会感到有任何妨碍或不适。伊壁鸠鲁大胆提出：这种状态是我们所能达到的最高级的快乐，也就是说，你不是通过做那些使你感觉良好的事情来拥有幸福，而是通过如此安排你的人生达到一种无痛而又平和的境界。毋须诧异，这样做就意味着“冷静地思考”，仔细审视你的人生，拒绝总的来说会冲击你内心平静的活动。因此，如果那些短期的满足和成功会使人生的整体计划变得不太平稳或受到冲击，那么就该放弃它们。伊壁鸠鲁的幸福人生观根本不是指醉心于游乐体验，而是指为保持平静所采取的谨慎的、避免冒险的策略。批评家不厌其烦地指出，尽管这是一个可以接受的关于如何快乐地生活的想法，但他所提出的最**快乐**的生活方式却是个独特的概念。

如果考虑到古代伦理学的框架，我们就会明白为什么享乐主义不占优势。享乐主义者似乎注定会作出令人难以置信的论述，如亚里斯提卜关于幸福的论述和伊壁鸠鲁关于快乐的论述。

现在我们把幸福常常理解为快乐和愿望的满足（从我们广泛而又含混地使用“幸福”一词便可见一斑），这使得一开始很难看到古代幸福说的魅力。如果幸福便是获得你想要的,那么赫拉克勒斯的选择所蕴含的思想便没有意义了。然而,我们关于幸福的观点来源广泛，也包含了更符合幸福论主张的因素。例如,我们认为幸福的人生包含成就与成功,而不只是得到你想要的东西。当把人生作为整体来思考时,幸福是愿望的满足说便会陷入困境。

幸福与美德

但直到最近,在赫拉克勒斯的选择中,真正不相容的观点还是美德的作用问题。在现代伦理思想中,直到不久前美德变成了一种带着几分荒唐的概念,人们只能从历史的角度来理解它,而不能在伦理思考中严肃地用到这个概念。但在刚刚过去的十年里,"美德伦理学"又重新得到极大的重视。但是我们再一次发现，我们对美德的理解和古代的美德概念并不吻合,因此需要作一些解释和比较。

古代的美德可以简单地理解为进行系统思考去做道义上正确的事;这一理解的全部意味即我们有几分明了要去做从道义上讲是正确的事,而不是其反面——道义上错误的事。我们不必以详尽叙述什么才是道义上正确的事来展开。我们在这方面的阐述会随着对美德阐述的加深而深入。

美德的概念要比这丰富得多,但人们已经把它与非道德问题区别开来——例如,把美德理解为一种非道德意义上的"卓越"。[不幸的是，人们受误导想要将古代伦理学文本"现代化",却致使一些译者将希腊单词**德性**(*arete*)译为"卓越"而不是大概更传统的"美德";因此引起歧义,认为这些文本是关于道德的。考虑到现代道德哲学家承认美德包含道德含义,这一点就显得尤为遗憾。]

如果一个人要去做道义上正确的事,不是偶尔为之而是一贯如此,他必须有自控能力和坚强的意志来抵制使自己想做其他事的(众多)动机。因此,当美德告诉赫拉克勒斯她所指的道路艰难,又常常充满不快和挫折时,便很容易理解了。做道义上正确的事是好的,但是有美德的人要做的比这多得多。她要有一种性情、一种坚定的心态来做这种道义上正确的事。为了做到这一点,她必须已经具备两个方面的能力,即透彻地理解道德含义并愿意照此行事。这两点既不容易也不会很快做到,而当一个人可被称为有美德的时候,他一定已经使自己锻炼成了具有某种特点的人。因此在美德和你的整个人生间有一种联系:成为讲美德的人意味着成为拥有了某种**特点**的人,而这就要求你对自己的整个人生以及志愿成为哪一类型的人进行深入地思考,此外你还要有决心来贯彻这一切。如果你只是一味地满足自己的愿望,从来不培养自己从长远的角度去思考和行动的能力,那么这一切便会不了了之。

对美德这一概念的现代理解在许多方面不尽如人意,在某种程度上,通常是将美德看作一种行为习惯。因为你看起来确实能够培养一种慷慨大度的习惯,而可能没有勇敢行动的习惯,这就使得各种美德似乎成为以独立方式自行发展的不同习惯。从古人看问题的角度来看,应该由你关于道德正当性的认知将行为上各自独立的习惯联系在一起,因为一般不会出现以下这种情况:道德对如何做到慷慨大度有一套要求,而对如何具有勇气则有完全不同的另一套要求。在古代伦理学中,重要的是人们并非拥有一个个独立的美德,而是从总体上说一个人是有美德的,对于各不相同的美德拥有一种统一的认识,而这种认识被称为常识或实践智慧(*phronesis*)。

再者,在古人对美德的理解中,常识表现为实践推理,这种推理和人们做事的动机密不可分。在第一章我们已经看到,许多古代学说是关于理性和情感之间的关系的,但大家都同意在有美德的人身上,情感并不或不再与理性争斗。知道了道德行为有哪些要求,但为实践这种行为必须战胜相反动机——这样的人还不是有美德的人,仅是自我控制能力好而已。美德所要求的,是人的动机与其理解力保持一致。因此,从古人的角度来看,美德是一个要求相当苛刻的观念。这就不难看出为什么伊壁鸠鲁享乐主义的批评家们指责他不能为美德作出解释。如果快乐是我们应该追逐的至上目标,那么除了将道德作为获得快乐或避免痛苦的手段之外,很难看出为什么我们还要在意道德。伊壁鸠鲁否认他坚持这一点,但在这方面,他的批评家似乎胜他一筹。

你在十分痛苦时仍能幸福吗?

在古代伦理争辩中,美德在幸福中的地位如何是最紧迫的问题。美德是通往幸福生活的正确通道,但这意味着还有很多选择。幸福是我们的总体目标;为了幸福,我们会去完成或追求所有其他的事情,而我们并没有更深的原因来追求幸福。成为一个有美德的人便会获得幸福,但毫无疑问,从常识的角度来讲我们可能认为其他方面也起作用,例如拥有一笔数目过得去的钱和其他的必需品、获得成功等。穷困潦倒、一败涂地的人生能够称为幸福的人生吗?

亚里士多德是古代哲学家中最近乎常理的人,他认为我们的这种反应是重要的。他的观点是:幸福确实要求拥有一定数量的像金钱和成功之类的“外在物品”。就其自身来讲，这种物品拥有多少都不会让你幸福，因为占有它们与否基本上不取决于你；他认为，如果你开始从伦理的角度反思自己的人生，那么幸福应来自你对自己人生的反思和计划，而不仅仅在于环境能够给予或拿走的外在物品。但是，亚里士多德并不认为你拥有了美德便获得了幸福。他认为，如果是这样的话，有美德的人即使受到冤枉、遭遇很大的不幸，例如饱受痛苦的折磨，他还是幸福的——那简直荒唐到了极点。

亚里士多德的结论对我们来说常常合乎情理，因为我们几乎很自然地从未想过，成为一个有美德或道德的人便足以拥有幸福的人生。因此，我们可能没有注意到，就古代学说而言，情况令人极不满意。他不得不承认要想拥有一个幸福的人生，你的为人要比占有金钱、地位等重要得多。但是亚里士多德讲不出来它们到底有多重要，因为他不愿意承认，一个失去了那些金钱、地位等的人注定就生活得不幸福。他常常强调的是，生活幸福的关键不在于你占有多少物品，而在于你是怎样利用它们的。正如鞋匠最大限度地利用手头的皮革，遭遇不幸的人们也最大限度地利用环境的赐予。因此他不愿意承认一个拥有美德的人会在生命的尽头陷入极大的不幸（如善良的特洛伊国王普里阿摩斯亲眼看着自己的儿子被杀死，城市被毁灭）。另一方面，他试图避免得出在他眼中很荒唐的一个结论，即拥有美德的人，不论发生什么不幸的事，仅因其拥有美德便会幸福。因此他不会承认普里阿摩斯在特洛伊城陷落之后是幸福的，也不承认他是不幸福的。普里阿摩斯处于两种不同观点的争执中：常识上认为他当然是不幸福的；而从更理论的角度来看，他并没有失去他的幸福，因为幸福来自于你是怎样对待你的人生，而不是来自于他人对你做了什么。因此，亚里士多德的观点并非真正前后连贯——这真是一种讽刺，因为他是最受研究"美德伦理学"的现代作者青睐的古代哲学家。

与亚里士多德相比，柏拉图和斯多葛学派更不愿意接受普通的观点；他们坚持认为，拥有了美德**就**足以拥有幸福的人生。我们会发现，如果现在不对此加以解释，在古代伦理思想框架中，这不会像表面上那样品德高尚却不合情理，但这看起来仍不够现实。

亚里士多德承认，外在的邪恶削减了因美德而生的幸福，而在柏拉图和斯多葛学派眼中，这种说法是不对的。实际上，他们认为美德具有截然不同的价值。斯多葛学派引人注目地提出美德是唯一**堪称**美好的事物，而健康、金钱等是"无足轻重的"，虽然我们会不由自主地去追求健康，但那是一种"更可取的无足轻重"。他们使用了新的术语，不对美德和外在事物进行明确的划分，他们并不怕因此让自己显得有些滑稽可笑。在这方面，他们预见到了康德的道德与非道德价值的一些思想。

认为美德最为重要，这仅是一个高调的断言吗？在对这一观点所作的辩护中，古代伦理学中最广为流传的看法是，美德是一种对道德观的理解（我们已经注意到，这种理解包括而不排斥情感和积极的动机）；这种美德可比作一种专长和技巧，应用于生活环境所能提供的素材上。正如即使用有限的或劣等的材料也能熟练地制造出一件产品或一件工艺品一样（这一点在表演艺术中最明显），即使一个人不得不置身其中的生活环境较差或极其恶劣，他也能生活得很好，因而活得幸福。当亚里士多德把处于困境中的人比作最大限度地利用次等皮革做鞋的鞋匠时，他的观点与此类似。技巧的运用和专家的实际操作在不利的环境中可能和在良好的环境中一样令人难忘(甚或更如此),但令亚里士多德深有感触的是,其产品将注定被看成是次等品。认为美德是一种技巧、外在条件是其素材的观点使人们明确认识到你书写了自己的人生。无论你工作的环境如何,你人生的道德品质都来自你的生活方式、你所作的选择,及其在塑造你的性格方面的影响。

你在十分痛苦时仍能幸福吗?

“幸福的人需要身体的资本和外界的物资，比如财富……为的是不受牵制……有些人说：十分痛苦或陷入极度不幸的人只要善良便拥有幸福。不论刻意与否,他们是在胡言乱语。”

亚里士多德,《尼各马可伦理学》,第七卷,第十三章

“亚里士多德在《尼各马可伦理学》及其他著作中对美德进行了阐释,认为美德是卑微的,奴颜婢膝而又庸俗……它们敢于剥夺美德头上的王冠与权杖，那种在宙斯身上不可剥夺的东西。它们不承认美德使我们幸福，而把它与金钱、地位、贵族出身、健康、美丽及其他美德和邪恶所共有的事物相提并论。正如其中任何一项失去了美德便不足以使人幸福一样,它们主张,美德失去了这些方面同样不足以使人幸福。那么美德的价值如何能不受到破坏或颠覆呢?”

亚提库斯,公元2世纪柏拉图主义者

这一观点明显地具有平均主义的倾向,也为斯多葛学派的立场提供了注脚,即不仅仅是那些生活中能在金钱、美貌和地

位上得到很好保障的人可望获得幸福,即使那些际遇不佳的人也能够获得幸福,如奴隶、被征服的人、社会地位极其低下的人(就像古代社会大多数妇女那样)。很明显,罗马帝国时期两个主要的斯多葛学派文本分别出自马可·奥勒留——一个皇帝,和爱比克泰德——一个自由奴之手。作为赖以为生的哲学,斯多葛学派的主张为他们所用,机会均等。

但是,如果外界的事物不构成我们的幸福,我们为什么还要不怕麻烦考虑这些方面呢?这里斯多葛学派的立场有些微妙,很难简洁地表达出来,但重要的是,我们应该根据现在所处的状态从道德上作出决定。当你开始思考美德的时候,你便不是一块白板了。你已经具有了既定特点——对食物、安全等的需求,也拥有一定的社会地位:你已经有了家庭、国家、工作等。为了美德而牺牲或忽视这些是荒谬的,它蔑视了人类的本性。相反,我们应该力争善良地对待它们,一直牢记美德的要求能够胜过它们。在这里,它们与康德的道德思想再一次地出现了许多相关之处。

美德:古代与现代

“美德伦理学”在最近步入了当代道德思想的前沿,随之而来的便是对古代伦理学说的研究(不幸的是对亚里士多德关注过多)。一种普遍的担心是,美德的培养成了要养成一种做道德上正确的事情的习惯,而道德上正确的事便是你所在社会上有美德的人会做的事,这样在认识上便有将古人和我们隔离开的危险。美德在各种文化和传统中产生、发展;注意到这一非常明显的特点有时会引起对幸福论伦理学的攻击,认为它本质上是保守的。亚里士多德描述了那些**他**所在的社会认可的美德,但这些美德属于拥有特权的名流——自由的成年希腊男性,在此之外或与潜在的社会进步联系来看,它们的道德意义便模糊不清了。

这种笼统的攻击没有击中要害。当然,开始时我们是效仿社会中我们认为有美德的人;由此,不同文化中美德的不同便不足为奇了。然而,这是在伦理思想出现之前的情形。古代伦理学始于个人开始反思自己的整个人生并作出决定、(像赫拉克勒斯一样)承认在不同对象间进行选择的必要性之时。古代遵循伦理的人掌管自己的人生。随着实践推理的发展,人比以往任何时候都更能控制住自己的人生,更能为自己的人生质量负责。当然了,现在的结果和古代希腊时期的结果是不同的。怎么会这样呢?因为选择项是不同的。相同的是某种变化:遵循伦理的人在人生中不再漫无目标,不再想当然地接受社会的压力,并开始从伦理的角度思考自己的人生及其模式。

古代伦理思想之所以魅力无穷,除其他许多原因外还在于它将人们对两个方面的关注统一到了一起——在其他传统中,这两者同时出现是很难的。一个方面关乎道德需求的意义,承认道德在你的整个人生中发挥了巨大作用;另一个方面是人们根深蒂固的对日常事务的关注以及从伦理角度对其作出解释的难度,这些事务如家庭、工作、责任、朋友和日常生活等内容。那种研究哲学而坚信美德足以使人幸福的人,已经从他最初的关注中走出了很远,但从没有抛弃它们。

第四章

理性、知识与怀疑论

理性、知识与怀疑论

在第一章和第二章，我们看到古典哲学的一个论题如何能立刻捕捉到人的注意力，同时也看到了我们在研究传统时所采用的方式反映了我们在某些方面而非另外一些方面的历史包容性。在第三章，我们探讨了古典哲学的一个方面——美德和幸福的伦理框架，这一点对现代哲学研究来说成果尤其丰硕。下面我们来看看一些古人在知识及知识缺失方面的思考；从表面上看，这种思考与现代对这一问题的思考之间差异多于相似。

关于知识的假说

现代认识论或关于知识的学说中有一些常见的假说。其中一个观点主张，知识的存在必须经过怀疑论的证明；这些怀疑论者认为，我们永远都不会认识任何事物，因为我们永远都不会满足探寻知识所需要的条件。至少部分地可以说，知识是与事实或信息密不可分的。(这两者间的联系是什么呢？对此我们发现了完全不同的观点，这里不作详述。一些哲学家强调辩护，另一些强调恰当的因果关系，还有这些观点的复杂变体和综合意见。）很难想象一个现代的认识论者对你的机械师会修理小汽车这一想法会有多少感触。同样难以想象的是，该认识论者**会**认为一个知道很多科学事实的人可能并不理解它们这一点值得大惊小怪。现代认识论者实际上在努力去驳斥知识之前自己就已经占有了知识，认识论者本人对这一权威性的断言看法如何呢？

为了理解古人对知识的独特态度，可以从苏格拉底讲起。我们知道，他的朋友凯勒丰询问德尔斐的阿波罗神是否有人比苏格拉底更富智慧，阿波罗回答说没有。苏格拉底知道后感到诧异，猜不透这一神谕可能意味着什么，因为他很清楚自己没有什么智慧或专长。因此他去找那些被当作专家的人，就他们声称所具备的专业知识提问，但总是发现他们或是对自己被视为应该具备的专长不能提供足够深入的描述，或是他们的专长并不如他们想象的那样重要。他总结说，阿波罗的寓意一定是指最富智慧的人便是最了解自己的无知的人。

在所有古代哲学家中，苏格拉底最受认可自有其原因。对一般的古代文化而言，苏格拉底是一个具有象征意义的哲学家。然而，同样引人注目的是，他的一生令人难以捉摸；他没有著书立说，给我们留下来的是一系列极其不同的哲学观点。

苏格拉底（约前468—前399）的父亲索夫罗尼斯库斯是一名石匠，母亲费娜瑞特是位助产士。苏格拉底最初生活境况颇佳，但是在人生的晚年，由于他对哲学的投入、对日常事务的忽略而导致生活破落。他的妻子有一个贵族的名字：詹蒂碧；相传这个不谙世俗的哲学家的妻子很爱争吵，但是我们不清楚背后的原因。他们有三个儿子，其中一个在苏格拉底去世时还很小。后来，据不可靠传说，他还有另一个妻子默尔托。

在公元前399年，苏格拉底受到审判并被处决。控告理由极其含糊并且充满偏见，人们一直怀疑真正的原因是和政治有关。我们永远都不会知道事实真相。显然，在雅典苏格拉底的存在令人烦恼而又颇具颠覆性。

苏格拉底将哲学实践看作是个人的讨论和提问，他拒绝写作。他的追随者们推崇他是哲学研究方面互为矛盾的方法的创始人。他的弟子安提斯泰尼生活朴素，在安提斯泰尼的眼里，苏格拉底为背离传统的犬儒学派提供了灵感；而在他的弟子亚里斯提卜眼中，他被称为第一个享乐主义者。在柏拉图学园的传统中，他被美誉为首位怀疑论者。在斯多葛学派看来，他是第一位伦理哲学家。在他的年轻追随者色诺芬的著作中，他是一个迂腐的说教者。在柏拉图的著作中，苏格拉底又呈现多样的面孔。有时他是个提问者，剥去其他人在理解方面的伪饰；有时他对伦理学和形而上学发表一些积极的看法；有时他干脆只介绍其他的哲学家，这些哲学家仅谈自己的主张。苏格拉底一直是富有影响的最杰出的哲学家；他拒绝进行官方讲学，从而成为一个可从多角度进行解读的人物，他的影响波及拥有大相径庭的观点和方法的哲学流派。

神称呼人“有智慧”，其用意可最简单地解释为与希腊传统保持一致，强调人与神力间存在的鸿沟。它也引发了一些关于古代认识论的假说。苏格拉底否认他有知识，但这并不意味着他不知道那些普通的日常事实；他知道自己了解很多这类事实。再者，他有时声称自己知道相当多的道德知识，例如他从来都不会做错事，或放弃他的神圣任务。他所否认拥有的知识，是在智慧或理解的意义上来讲的，它们超出了仅仅是孤立事实的知识。即使真的有这种智慧或理解意义上的知识，它似乎也应该存在于那些精通某方面的专家身上。当阿波罗说苏格拉底是最富智慧的人时，苏格拉底感到困扰，因为如果一个人是专家，人们通常会期望他至少要知道自己是哪方面的专家。他对该神谕的反应是极力找到一个比他更富智慧的人。这并非出自无理的要求来证明阿波罗错了，而是因为他对这个神谕不明白。证明他为什么会是最富智慧之人的唯一办法，是找出他应该有的专长是什么。由于这显然并不是不言自明的，那么找到自己专长的唯一办法，就是看看他与其他人比较起来，在理解他们应该熟知或擅长的事物方面深度如何。而这只能通过提问的方式，询问他们对本该理解的事物有何看法。

苏格拉底的审判

“下面控告阿洛佩加的索夫罗尼斯库斯之子苏格拉底的诉状由皮特霍斯的美立都之子美立都提呈。苏格拉底不敬国家所奉的神，而是宣传其他的新神，至此酿成大错。再者，他败坏青年亦犯了罪。”

苏格拉底的诉状保存在雅典的档案里，后来的学者们将之公之于众。对苏格拉底的判罪是以二百八十比二百二十的投票结果确定的。(陪审团由五百零一个公民组成。)起诉人提议以死刑作为处罚。苏格拉底起初拒绝承认他做了什么值得惩罚的事,但最后他建议是否可以采取罚款的形式。陪审团投票以三百六十比一百四十的绝对多数同意以死刑处罚。

在苏格拉底关于该神谕的反应中有几个要点。从哲学上来讲,关于知识的有趣问题并不与具体的事实相关——例如,我如何能够**知道**,比如说,猫是在垫子上。哲学关注更为复杂的事物:要拥有智慧(索菲娅是菲洛索夫斯所爱的智慧)。毋庸置疑,人们认为智慧不是指仅知道个别的事实,而是指能够将它们有序地联系在一起,涉及到对某个知识领域或区间的理解。(一个切实的类比是弄懂一门语言,显然,它涉及的内容不仅仅是关于单词与句法的个别信息,还要求理解这些因素如何有机地联系在一起。这个关于语言的例子也显示出:这种综合理解并不是脱离实践的理论把握,其本身可能就包含了一种可以运用相关理解力的实践能力。)从哲学上讲,这种有趣的知识意味着各个不同的项目综合在一起,以此使得知者将各个项目彼此联系在一起,并与整体结构联系起来。除了最简单的情况之外,这需要一种将各方面联系起来的清晰能力,这种能力将解释为什么不同的部分在系统中发挥着各自的作用。(想想教授一门语言。)掌握一种专业知识(技艺)的人就很典型地拥有这种综合能力。

苏格拉底从未质疑过世上是否存在智慧或专长。这种质疑会很愚蠢,因为显然在一些领域是有专家的,例如手工艺行业。然而,可以推测阿波罗所指的不止于苏格拉底拥有类似织工或陶工的技艺,因此苏格拉底探索的是那种在人类生活中起重要作用的专长。因此,他尤其热心于质疑自封的美德方面的专家,或质疑智者所声称的那些人生中有价值的事物。他就他们自称为专家的领域向其提出疑问，结果证明他们总是对这些话题理解不足，因为他们不能自圆其说，而且其说法也确实经常前后不一。苏格拉底的问题不是从自己的观点出发，因为这只能削弱问题的要点，即应该是对方对**他**声称已知的事物表现出理解力。苏格拉底从这些自封的专家能够接受的前提出发，通过让他们意识到他们并不理解自己一直在武断地认为理解的事物，来使这些专家显得不再那么高高在上。这样苏格拉底就击败了这些人，而这些人却无法通过指责苏格拉底的观点来为自己辩护，因为观点根本就没有出现。

对苏格拉底的不同看法

“人类会不厌其烦地想起曾经有个名为苏格拉底的人，他与其时的当权者和公众意见间出现了极大的分歧……这位为后来的所有杰出思想家所公认的大师即使在两千多年后的今天名望仍与日俱增，他的声名胜过了所有其他使自己所属的城市生辉的名字。但是他被他的同胞置于死地……虽然苏格拉底被判处死刑，但是苏格拉底哲学像太阳在天空升起，向整个知识界普射光芒。”

约翰·斯图亚特·密尔，《论自由》

“苏格拉底——那个雅典的小丑！”

西顿的芝诺，公元前2世纪伊壁鸠鲁派哲学家

“我们将忽略凯勒丰关于神谕的故事，因为那是一种完

图 5　苏格拉底像：形体丑陋，智慧超群

全诡辩且廉价的把戏。”

“苏格拉底，你的论证是伪造的。你与所遇到的人的对话是一码事，而你所做的是另一码事。”

科洛泰斯，公元前3世纪的早期伊壁鸠鲁派哲学家

理解及其内涵

表现一个人有智慧和有理解力的方式往往被称为“提供解释”，即*logon didonai*（提供理性的解释）。**逻各斯**是一个普通的希腊词，意为理性。你对你应该理解的话题必须给出足够的理由对它们进行解释。苏格拉底的提问对象夸夸其谈，但对所谈论的话题并不能给出合理的解释，从而表明他们对这些话题并不理解。

“提供解释”的标准是什么呢？显然这对你是否真正知道，即理解某件事物至为关键。当然，至少你要能够在辩论中坚持到底并且保持你的观点前后一致。但是似乎也要求比这更积极的因素。古代认识论的一个主要部分包括探讨“提供解释”的要求，从而为你对某一领域知识的理解提供一个必要的合理基础。

在柏拉图的许多对话中，苏格拉底建议对提问者提出的什么是美德、勇气、友谊等问题，得能够提供令人满意的答案。显然这不仅仅指从琐碎的字面意思来理解，它需要表达美德或勇气的本质，而其成功的表达方式应该是被问者不仅知道美德或勇气的例子，而且解释得出为什么它们是所讨论的美德的例证，并能找出这些例证与美德之本质的关联。这一探讨有时被称为探究“苏格拉底式的定义”，虽然“定义”一词在此并不算恰

如其分。

下面是这些对话中一直存在的疑惑。苏格拉底一直存志并坚持不懈地去理解类似美德和勇气这样难解的概念。但他的方法总是向他人提问,仅以共同承认的假设为起点。这种攻击式辩论(*ad hominem*)依靠的仅仅是对方相信什么及得出什么结论,这样一次次得出的推论便是美德、勇气、友谊等**不**是什么。一些自封的专家对美德等的定义有自己的理解,苏格拉底指出,这些不是正确的答案。但这似乎并不能在我们理解美德、勇气等**是什么**时助我们一臂之力。苏格拉底揭示了他人缺乏理解,但他的方式似乎没有帮助自己加深对此的理解。在目标和手段之间似乎出现了不和谐。对这一疑惑有很多解决办法,哲学家对此则意见不一。

柏拉图对知识多有说法,有些我们在下面还要再谈到。但是,柏拉图最著名的一些篇章表达了我们称之为知识专长模式的优势。对于知识来说,重要的是你是否能够像专家那样,理解相关各要素,使它们彼此相联并将它们与该领域整体联系起来掌握,同时又能够对此作出合理的解释,解释你所作出的特殊判断并将其与你对整体的统一理解联系起来。在某些场合,柏拉图会重新考虑作出合理解释这一关键想法,并以数学为模式。

在《理想国》中,柏拉图提出的知识模式可能是所有哲学家提出的模式当中最富有抱负的。在这里,雄心大志的知者必须完成多年的数学学习。数学以其严密、系统和明晰而著称,通过数学,他主要在思考系统的几何学(后来出现了欧几里得几何学就是一例)。数学以其完美的知识结构吸引了柏拉图,专长模式也一直怀有这种结构假定。再者,专长模式的所有特征似乎均以一种清晰而又令人难忘的方式与数学的特征吻合。数学不是彼此毫不相干的结果的堆砌;特定的定理可被明确地看作依赖其他已求证的结果。整个系统始于一套清楚而有限的概念和假设,而从这些第一性原理导出特定结果的方式也是清楚而又严密的。我们很容易看出:为什么柏拉图可以在欧几里得较早的版本中发现知识的完美模式是一种有组织的协调的系统。知者知道什么,他是怎样知道的,系统怎样建构在一起以及对你所知道的事情如何作出合理的解释(即求证)——在这个系统中,这一切一目了然。

数学作为一种知识模式也提出了两个新的特征。一个是数学结果异乎寻常的无懈可击性。我们不会浪费时间来争辩毕达哥拉斯定理的正误。我们已经看到已知事物的必然性和正当性在作为专长模式之关注焦点的诸问题中并不突出,这里起作用的是可运用于实践的理解力。但是柏拉图显然在某种程度上被这样一个知识体系的想法所吸引,而这种知识体系并不接受人们严肃的质询。

另一点来自这样的事实:数学提供的确定知识体系,似乎不以任何貌似有理的方式(例如通过感官感知的日常方式)把我们亲身经历的世界作为研究目标。毕达哥拉斯定理并不是通过测量实际画出的三角形及其角度而发现的,这些方面的无规律性显然与此定理无关。柏拉图感兴趣的是这一观点:我们只有通过动脑筋进行推理才能接触到一种知识体系。哲学推理的才能是我们在数学上的推理能力的更高级表现,而柏拉图绝不是对这一观点感兴趣的最后一位哲学家。

在《理想国》的主要篇章中,我们发现对知识的拥有需要掌握一个系统的领域,这一领域的内部结构像欧几里得的公理和定理一样严密，并且由一步步的求证联系在一起。另外，柏拉图略胜数学家一筹，他认为哲学实际上证明了自身的第一性原理，而数学家没有做到这一点；因此，哲学不是始于假设，而是显示出一切是如何始于得到证明而不是基于假设的第一性原理的。（这里有些难以理解，特别是柏拉图使一切都依靠他所称的善良的形式。）对于数学来说，大家知道的是一种形式的系统——柏拉图广为人知地将其视为形式的世界，而不是通过感官传递给我们的经验世界。柏拉图特意强调了用抽象的数学术语思维的人会在多大程度上得出与经验世界不一致的结论。

这当然是一种**理想**，尤其是按照柏拉图的看法，唯一有机会实现这一理想的人，是那些具有超常的与生俱来的天赋并在良好的文化氛围中长大的人。这就警示我们不要自以为能找到知识的现实例证。专长模式本身似乎至少提供了这种机会，即知识是可以获得的。但是，就像数学成为这一模式时提出的要求那样，随着所提出的要求变得正式而且苛刻，获得知识的条件被提得太高，以致我们无法企及。

理解和各门学科

亚里士多德在这方面以及其他许多方面都称得上是柏拉图最杰出的学生，他继承了《理想国》的模式，但对之进行了重要的修改，使其在哲学上更富有成果。他在自己的著作中发展了关于一种完整知识体系结构的思想，题目为与内容不太相符的《后分析篇》。（这样称呼是因为它沿袭了亚里士多德关于逻辑的论文《前分析篇》的题目。）

亚里士多德认为，柏拉图将全部知识归于一个统一的结构中是错误的。这里所犯的错误是认为所有的知识对象共同建构了一个单一的体系，且只能以这种形式被理解。但是，亚里士多德认为，并没有这样一个单独的体系；不同的知识分支采用的是根本不同的方法，这是因为各领域的内容从根本上来讲是不同的。亚里士多德并非不赞同将类似欧几里得几何学的模式作为知识的合理模式；像柏拉图一样，他愿意用数学来充实关于专长的观点。但是并没有作为一个整体的知识这类事物，只有不同种类或不同门类的知识，或曰（如我们想说的）学科。（希腊语*episteme*意思是知识，是复数形式，但是我们不能说"知识们"，只能说"知识门类"或"各门学科"。这样便模糊了一种方式，即亚里士多德关于一门学科的概念对柏拉图知识概念施予限制的方式。）

除了这种对知识的基本"分门别类"之外，亚里士多德的观点中还蕴含着进一步的差异。柏拉图将注意力一直集中在个体的知者身上，而亚里士多德开拓了认识论的视角，将影响知识的**社会**生产的许多方面纳入考虑。"学科"更适合于亚里士多德而不是柏拉图对知识的讨论——这一说法并不虚妄。亚里士多德清楚，一门学科，例如生物学的发展方式需要许多人的研究与观察，同时，单个的研究者不可能每次都从头做起，而是要依靠他人的成果和数据，尤其是他人的问题及问题的背景。研究者本人先在不同的领域进行调查，首先详细调查那些著名而又广受认同的，或者由哲学家或其他研究者提出的观点。只有通过进入以前的研究传统并探讨它所提出的问题，研究才能够取得进步。

因此，亚里士多德能够区分（尽管如果他区分得更清楚些会更好）一种知识体系发展的不同方面。一门学科所依赖的许多人合作得出的数据和观察结果是该学科的素材，但不是科学本身。零散的信息只有汇集成一个结构体系并成为其一部分才能构成知识。因此，在构成知识之前，研究和观察的结果必须在适当的结构中占有一席之地。在《后分析篇》中，这种结构布局非常严密，数学模式的影响也非常明显。一门学科的第一性原理必须是真实的、基础性的和直接的，有必然的联系而且可以解释它们作为第一性原理所得出的结论。对于一门像生物学这样的学科是如何符合这种模式的，人们已经做了很多探索工作，并基本认同这种模式过于严密、不适合亚里士多德的多门学科。但是要点仍然在于：需要进行经验研究来收集任何有价值的信息，但是只有当我们明白它是如何符合一种正式的解释结构时，人们才会拥有知识。

柏拉图和亚里士多德两人都拥有一种非常理想的理解模式。两者都不怀疑：原则上知识是可能存在的，尽管对柏拉图来说，条件非常地理想化，离日常生活较远。当然，考虑到他们当时正在研究这种专长模式，认为知识是可能存在的想法便不显得过于激进了。但是他们主张：我们能够拥有的知识，不仅包括平凡事物方面的知识，而且包括哲学上富于挑战性的、值得去研究的题材方面的知识。这一说法的某种形式常见于大多数古代哲学流派的主张中。

怀疑论和信仰

然而，这并不是接近知识的唯一路径，我们发现了截然不同的方法。最基本的方法可以一部分追溯到苏格拉底，一部分追溯到皮浪——一位后来的哲学家，也没有著作留世。这便是古代的怀疑论（苏格拉底被称为怀疑论的创始人之一）。与现代怀疑论不同，古代怀疑论并不限制自身来否认知识的可能性，由此让我们仍存有真正的信仰。古代怀疑论像关注知识一样关注对信仰的坚持,它被当成一种涉及理性力量的知识观,一种比现代怀疑论远为激进的观点。

和其他所有人一样,怀疑论者以探索真理和知识开始。他们通过调研来展开这种探索,询问他人对自身观点的解释,并为自己的立场寻找依据。到目前为止,人们对知识需要理性的解释这一基本观点并无异议。任何一种值得拥有的知识(即不是日常的琐碎信息)都要求你能够对自己的观点给出令人满意的理由。怀疑论者和其他哲学家的不同之处在于:他从不认为自己已经做到了这一点。希腊术语探究者(*skeptikos*)的意思不是指消极的怀疑者,而是指研究者,也就是那种从事思考(*skeptesthai*)或探究性工作的人。正如后来的怀疑论作者塞克斯都·恩披里柯所说的那样,一些武断的哲学家认为他们发现了真理;消极的独断论者则认为自己有资格声称真理是找不到的。怀疑论者不同于这两者,他们不遵从其中的任何一种方式。他们仍旧在进行调查。

为什么会出现这种问题呢?当然了,如果你进行调查,便会发现**一些**结果,可以把它们算作知识或至少是信仰。怀疑论者认为,当我们意欲思考这一点的时候,结果总是草率的(或"仓促的")赞同:我们答应得太快了。真正而彻底的调查将会表明,情况其实更复杂、更成问题。最终,我们发现从来没有理由决定自己该作出怎样的选择,从而以判断悬置收场,即无论对待什么样的问题,都采取一种客观的中立态度。

伊里斯的皮浪(约前360—约前270)像苏格拉底一样是一位有影响力的哲学家,他启发了他人,但没有著述流传后世。他的一生甚至比苏格拉底更为令人琢磨不透，与苏格拉底不同的是，他甚至没有留下自己的肖像。

皮浪最初是个画家，有一段时间，他受到不同的哲学流派的影响。他曾陪同亚历山大大帝征服北印度，在那里遇到了印度的“裸体苦行者”或称裸体有智慧的人。人们认为这次偶遇对他自己的哲学立场有着决定性的影响。在有关他进行辩论的描述和早期北印度佛教文本之间具有相似之处。然而，希腊人在用希腊方式解释皮浪的怀疑说时，并未觉得有什么困难；特别是因为皮浪主义信徒总是与他人的观点针锋相对，由此发起了对现存的哲学学说的一系列进攻。

皮浪拒绝使自己沉湎于对任何教条的信仰中，并因此以其宁静和不受干扰给人留下了深刻的印象。在关于他的众多故事中，大多数是不友善的笑料，大意为他在日常事务中不作出判断，因此使自己看起来滑稽可笑。其他的故事是说他过着一种受人尊重的生活，伊里斯为纪念他而免除了哲学家的税负。他的学生提蒙写了讽刺文章来抨击独断论哲学家，还写了散文叙述皮浪的主张。尽管这些主张不易理解，却为它们的后来版本做了铺垫，尤其在主要的怀疑论文本塞克斯都·恩披里柯的《皮浪怀疑说纲要》(日期不明，但可能是公元2世纪)中体现的主张。

一开始这听起来滑稽可笑，确实不够严肃。怀疑论者真地认为我们永远不能确定现在是什么时间、太阳是否正在闪耀、这是面包而不是草吗？这是古代人们的反应，但却是错误的反应。

皮浪是怀疑论一个支脉的创始人，我们对他知之甚少；对他在知识方面的态度，我们所能给出的描述极其有限。他认为我们不会有理由让自己承诺任何事情，这一坚定的态度引起了不友善的笑话，例如，他必须得到非怀疑论的朋友的照顾以免走下悬崖等等。但是还有一种传统，大意是说他过着一种正常的生活，因此最有可能的是，像后来的怀疑论者一样，他也认为即使我们不能使自己拥有信仰，我们也可以按照事物表现出来的方式去生活。

从皮浪那里受到启发的后期怀疑论者发展了我们“按照外观来生活”的想法。也就是说，我们所需要的，仅是按照事物以一种方式而不是另一种方式所呈现的面貌来生活。如果我们超越了这一点（当我们从日常事务转向有争议和复杂的问题时就会这样做），并且试图使自己拥有信仰，我们就始终会发现：假如我们进行严密的调查，便不会轻信什么。结果是这一问题的两个方面同样拥有很好的理由，我们便发现自己在两个方面都有倾向性，所以我们选择不介入，对这个问题不作判断。然而这并不意味着我们不知所措了，因为我们仍然可以按照生活展现出的面目来生活。我不能承担义务这一点并不能够防止事物以一种而不是另一种方式出现在我面前。在理性上不承担义务并不排除其他被我们所忽略的动力源泉——习惯、愿望、对法律的恐惧等。如果理性不能使我们作出承担，我们便不能继续生存，这个观点来自对理性力量的过高估价。我们并不始终需要理性，它会诱使独断论者过早地承认某种学说的正确性。

另外，怀疑论者采取了攻势。他们认为，我们理性地坚持信仰，目的是为了得到幸福，而幸福存在于平和的心境。我们意欲对事物的运作方式有信心，不因其不确定性而忧心忡忡。但是信奉关于这一话题的积极或消极的学说永远做不到这一点；它所能做的，仅仅是取代或分散最初的焦虑。只有那些认识到抱有信仰纯属徒劳的怀疑论者才是宁静的。缜密的调查带来的结果是没有信仰，而这又带来了平和的心境，这种心境正是人们在所期望的答案中苦苦寻觅的。因此只有怀疑论者得到了所有其他人都在寻找的东西，那就是平和的心境。但是他们只是通过不去寻找而得到它，它来了便有了。而此种心境的到来也是认真调查的结果，这种调查使你不可能去信奉或反对任何观点。

在怀疑论者的故事中，许多地方令人难以置信或看起来牵强。另外，还有一些问题是潜伏着的，这里仅提出几个。怀疑论者在什么范围内没有信仰？这种无信仰状态是否只适于他所调查的事物？若是这样，他会不会有一些信仰，即那种不难理解的信仰？无论怎样，如果怀疑论者给我们讲如何获得平和的心境，别人如何做不到，而怀疑论者却做到了，他们的目的是什么呢？没有信仰的他们又是如何做到这一点的呢？

古代的怀疑论是最有趣、最微妙的哲学主张之一。与其主张独断论的堂兄弟一样，它包含关于理性的有力假设，虽然这些假设具有颠覆意义而不是积极意义。古代的怀疑论比现代怀疑论形式更丰富多彩，后者多局限于对知识的抱怨，因为不加鉴别地接受一些题材可能会抛弃了另一些题材。与现代怀疑论者不同的是，古代怀疑论者对在哲学领域内部占有一席之地并不感兴趣。他们认为，哲学上的理性在实践中总会削弱自身。

苏格拉底为古代怀疑论的另一支脉提供了一种供选择的启示，这个支脉自公元前3世纪中期直到公元前1世纪该支脉结束这段期间取代了柏拉图学园。这些学员认为，按照柏拉图的思想进行哲学思索应该采取苏格拉底的做法，即削弱他人的观点,但不提出你自己的观点。因此怀疑论的学员们花费了很多时间争论攻击式辩论(即不出自他们自己的任何立场而只是出自对方接受的前提),反对独断论哲学家。他们认为,独断论哲学家(主要是斯多葛学派)的主张论据不足。与皮浪怀疑主义者不同,这些学员没有对幸福或平和的心境发表主张。他们关于理性的假设,只是说独断论哲学家总是过于草率。他们的观点可以从内部被推翻而无须依靠建立其他的观点。

知识的种类

到目前为止,我们已经看过关于知识和信仰的大胆而激进的观点,积极和消极兼而有之。然而,如果我们的印象是,古代对知识的关注总是集中在智慧与理解上,那便是受了误导。我们也能发现这些关注点与现代关注点有重合之处。例如,柏拉图提出了有趣的主张来抨击相对主义的知识论,这些主张不依赖他本人的宏大叙述中的任何特殊要点。柏拉图在对话集《特埃特图斯》中反驳过普罗泰戈拉,普罗泰戈拉这样的相对主义者则声称:一个人有一种真正的信仰意味着某件事物对他来说是真实的,因此真理对于信仰者来说是相对的。这个发现乍看起来可能令人轻松,尤其是因为它化解了所有的矛盾。风在我看来是热的,而对你来说是冷的。我们两个都对,没有什么要争辩的。但是,普罗泰戈拉将他的相对主义学说作为一种**理论**,作为某种我们应该接受并认真对待的事物予以提出(只要是为了从我们的争执中解脱出来)。但假如普罗泰戈拉是对的,那么他自己的学说的真实性对他来说也是相对的,即它只是事物呈现给他的方式。而我们为什么要接受以某种方式呈现给普罗泰戈拉的事物或对其感兴趣呢?如果我们认真对待相对主义,把它作为一种理论，那么相对主义是不能自圆其说的。（人们仍然在利用这一强有力论点的各种表达形式来反驳现代相对主义。）

柏拉图也对这一问题感兴趣，即当人们说我们知道具体的事实时，其意为何；这一点由斯多葛学派提出，他们将专长模式作为他们所谓的真正意义上的知识。但他们还提出了关于所谓理解的认识，尤其在一些现代认识论学说中，这种理解是对知识的一种思考方式。当你与一种经验的事实如此关联以至于肯定不会搞错时，你便拥有了理解力。斯多葛学派作了些努力来搞清楚这种情况成立需要什么条件。一般来说，讨论的事物应该对你产生影响，即给你留下印象。而这种印象一定要以合适的方式来自该事物——这种因果关系一定要合适。而这种印象一定不能来自任何**其他**事物，无论它与该事物多么类似。这些条件被当作一种会产生反面例子的挑战，在反面例子中，所有的条件都得到满足，但是我们不得不承认我们没有知识。学园派怀疑论者特别就这个话题与斯多葛学派展开了长期的辩论，其结果是斯多葛学派似乎又提出了更多的条件和修正意见。

最后，我们确实发现，在古代认识论学说的范围内，有一种学说看起来满足了现代学说所要求的条件，这就是伊壁鸠鲁学说。因为伊壁鸠鲁确实是在一种现代的意义上为怀疑论担忧，即人们不再认为我们的信仰可能会满足知识的标准，他认为自己必须确立知识的可能性来应对这种挑战。他不是从专长模式的角度，而是从知者与特定事物的关系的角度来思考知识。对于伊壁鸠鲁来说，我所知道的基本上是特定的零散信息，而我与这些信息之间的关系构成了知识。任何比这更宏伟的想法，都将被证明是由这些最基本的素材以最经济、最细致的可行方式构成的。

伊壁鸠鲁的学说在古代学说中并不具有代表性，严格意义上讲，它是经验主义的；也就是说，它始于并依靠我们的感官经验。我所知道的，都来自感官，因为只有通过感官传达给我的信息才没有经过中介的处理，才不会产生误差。我的寻常信仰历经了超越经验的推理过程，虽包含真理，却也蕴含了错误。这些错误之所以得以潜入，是由于人类有犯错的倾向。但是假如我只集中于感官所告诉我的一切，我便不会犯错。对伊壁鸠鲁来说，信仰和推理是错误之源，而并非像大部分其他流派所认为的那样，是我们改正错误的能力源泉。于是，仅当我开始在从经验获得的知识中加入信仰时，错误才会乘虚而入。因此，感官所传达给我们的，甚至还不如我们关于桌子和塔的叙述更丰富——当我们从远距离来判断一个方形的塔是圆形的时候，显然这是错误的。相反，感知的结果只局限于从特定的角度、在特定的地点等方面来看这个塔呈现给我们的是什么样子。因此我们拥有知识，因为我们不会在这方面犯错误。然而，我们可能对这个塔有错误的认识，因为我们作出的断言可能不恰当地估计了角度、距离等。结果，我们的知识与我们对周围世界的日常观察比较起来要有很大的局限性。

人们认为伊壁鸠鲁关于知识的学说并未给人留下特别深的印象。事实上，人们普遍认为它极度粗糙。然而，后来的伊壁鸠鲁派成员确实提出了对我们所认为的归纳问题的有趣类比，即我们如何从众多特定观察中对**所有**这类现象作出合理的归纳总结。例如，我们是否有理由这样归纳（“我们”指的是生活在意大利的伊壁鸠鲁派哲学家）：由于我们所观察过的每个人都是要死亡的，所以生活在迄今为止未发现的国家（如英国）里的人类也是要死亡的？（哲学家菲洛德穆补充说，前提是那儿有人居住。这个例子就是他举的。)

经验主义者关于知识的学说,如强调知者与特定事实的关系,在古代认识论中不占主流。然而,即便只是粗略地考察了古代关于知识的认识后,我们也发现了古代研究方法的广度和多样性。古代认识论领域的学生会发现许多具有挑战性的学说和广泛的争辩传统。他会发现有几种理解**知识**的方法:智慧说、理解特定事实说、倾向于描述抽象推理的学说、倾向于描述基本感知的学说。他还会发现:人们不仅对知识投入了极大的研究精力,更普遍的则是关注信仰问题以及积极与消极的理性力量。

第五章

逻辑学与现实

教学大纲

如果你在大学专攻哲学，便会发现必须学会一些技巧，了解一些论题，这样才能学好这门课。你要学一些逻辑思辨和批判性思维方面的课程，要学习形而上学、认识论（或许是科学哲学）、伦理学及政治哲学（或许是美学）方面的论题。你可能还要学一些哲学史方面的课程，而学习这种课程的方式几乎就是对古往今来那些属于“其他”传统的哲学家进行批判，尽管你对那些和“你”同属一个传统的哲学家更多地怀抱敬意。

古代世界情况没有如此大的分野。自从柏拉图学园创建以来，不同哲学传统的哲学学校便成为学习、教授和传承哲学的主要场所。富裕的家庭也许会请哲学家庭教师，这些家庭教师都在某个哲学学校接受过培训。每个学校都可归于某个特定的哲学传统，该传统中的某些文本会受到青睐（有代表性的为亚里士多德和斯多葛哲学文本）。在很早的时候，哲学课程便包括三个部分：逻辑学、物理学和伦理学。这种情形出现得很早，人们往往将其（没有说服力地）归于柏拉图的分类。虽然显而易见的是，柏拉图和亚里士多德在写作时头脑中都没有这样的课程结构;只是,这种结构更好地顺应了后来一些流派的利益,如斯多葛学派和伊壁鸠鲁学派。至此,我们已经讨论了该课程体系中伦理学部分的一个重要主题,也论述了被视为逻辑学一部分的知识学说,因为逻辑学曾被广义地解释为包括我们所称的认识论和语言哲学,当然还包括我们通常理解的更狭义一些的逻辑学,哲学课程还包括物理学,这在我们听起来再奇特不过了。

逻辑学

为什么逻辑学会变成哲学的一部分?这个问题自古以来便充满争议。有人认为逻辑学本身便是哲学的一部分,也有人认为逻辑学只是一种我们用来促进哲学学习的"工具"。无论怎样,我们都需要逻辑学知识来确保我们的辩论无懈可击,不给对手以任何反驳的机会,同时,帮助我们识破对方辩论方式中的漏洞。在古典哲学中,逻辑学具有去伪存真的作用。而逻辑学自身的发展常被认为可能会偏离哲学所关注的核心问题。

逻辑学是亚里士多德取得杰出成就的领域之一。在亚里士多德之前,没有系统的方法对各种辩论进行分类,从而帮助人们区分那些仅仅是看起来令人信服的辩论和通过有效推论得出正确结论的辩论(甚至今天也是如此,很多颇有影响力的人物将两者混为一谈,自己却引以为荣)。正是亚里士多德对有效辩论的概念加以系统化,建构了一个庞大的逻辑学体系。

亚里士多德逻辑学的核心观念是**演绎法**,希腊文是*sullogismos*。对此,他将之笼统地界定为:演绎是一种论证,即拥有了某些前提,则必然会产生某些结果,因为事物本来就是如此。更严格地说,演绎的结论是前提的必然结果。亚里士多德补充说,结论必须**不同于**前提,因此他并非在探究当现代的逻辑学家认为“如果p，那么p”是个有效论证时他们的目标为何。亚里士多德还认为，结论的真实性必须**来源于**前提的真实性，因此他也排除了那些无助于证明结论之真实性的冗余的前提。在这方面，他的观点同样与现代纯形式的推理观相左。关于亚里士多德的演绎法以及他的逻辑学的归类问题，研究者从现代形式逻辑学的角度展开了大量讨论（但没有结果）。

以现代眼光来看，亚里士多德逻辑学只是逻辑学的一小部分，因为尽管亚里士多德对演绎法的定义很宽泛，但他对演绎法的系统研究仅局限在一个非常狭小的范围内，即后来广为人知的亚里士多德的三段论。他认为肯定和否定的陈述具有这样的形式：在所有情形、有些情形或从不发生的情形下，谓项P“属于”或不“属于”主项S。（自中世纪以来，这些陈述采取了我们更为熟悉的形式：“所有S都是P”，“一些S是P”，“一些S不是P”及“没有S是P”。）亚里士多德最大的贡献是使用了图解式字母，这使他能够研究论证的形式而无需考虑其具体内容。亚里士多德系统地总结了这种方法，认为如果两个陈述采用了同一个形式，并享有一个共同的词项（“中”项），便会得出一个结论。有些这样的组合会产生有效论证，另外一些则不会。亚里士多德在说明哪些形式有效、哪些形式无效的过程中表现出高超的独创性。（他也开始建立一种“模态逻辑”系统，即一种由“必然地”、“可能地”等修饰的逻辑陈述，但不是很成功。）

至于为何亚里士多德使自己局限于此，人们作出了各种推测。比较可信的一种观点是，虽然他对这样的论证感兴趣，但是他最为关心的是为一种论证找到形式，这种论证类似他的一门完整的科学模式或知识体系。其中利害攸关的是各种事物间的关系，而且，尤其重要的是要具有普遍意义。涉及个体情况的论证在这一逻辑系统中是找不到位置的(尽管亚里士多德思考过关于指导行动的论证“实践”逻辑,但这一念头仅在他的头脑中一闪而过)。

亚里士多德暗示过一些观点,后来由他的学生德奥弗拉斯特斯加以发展。这些观点意在对一些论证予以系统化,在这些论证中要研究的是各陈述间的关系,而不是构成各陈述的词项间的关系。而真正的进步还要留给斯多葛学派,尤其是克吕西普。斯多葛逻辑关心的是肯定或否定某事的陈述或公理 (*axiomata*)。复合陈述通过使用各种连接词,如“和”、“或者”以及“如果”等串起简单陈述而产生。斯多葛逻辑研究的是由前提和结论构成的论证,它们都为陈述。尽管也有区别,但大部分研究与现代的“命题逻辑”有重合之处。他们有五种基本的论证公式(字母P和Q代表陈述):(1)如果P,那么Q,P;所以Q[熟称为“假言推理”(*modus ponens*)];(2)如果P,那么Q,不是非Q;所以不是非P[“否定式”(*modus tollens*)];(3)不是既P又Q,P;所以不是非Q;(4)或者P或者Q,P;所以不是非Q;(5)或者P或者Q,不是非P,所以Q。以此为基础,斯多葛逻辑以复杂而有力的方式得以发展。

和亚里士多德一样,斯多葛学派不仅仅对论证本身感兴趣。他们关心的是提出充当“论据”的论证,用他们的话说就是,“基于共识的前提,通过演绎推理揭示一个本来模糊的结论”。逻辑形式的研究是为了说明我们在知识方面的主张,在这种情况下,我们通过经验中达成共识的事物来认识“模糊的”或理论性的事物。

虽然伊壁鸠鲁及其追随者表面上将形式逻辑贬低得一文不值,认为只是在浪费时间,但他们也着力研究所谓的“符号”;

基于这种符号，我们从感知之事推论出超越感知之事，因此他们在某种程度上与其他流派一同参加了关于逻辑的讨论。

学习古典哲学的学生（除非他们是伊壁鸠鲁派）会学习亚里士多德和斯多葛逻辑学。虽然对于诸如哪一个更重要之类的问题人们各持己见，但这两种逻辑还是被视为互相补充。由于历史原因，斯多葛逻辑学和早期的斯多葛主义在古代末期便失传了，而亚里士多德逻辑学则不仅得以幸存，还渐渐被视为逻辑学方面的全部内容。中世纪亚里士多德逻辑学得到全面的阐述，康德认为它是完美的；直到20世纪初期，弗雷格和罗素重新发现了命题逻辑，才改变了亚里士多德逻辑学在哲学教学大纲中至高无上的地位。

自然与科学

哲学课程中的第三个部分“物理学”听起来似乎已经不再属于哲学范畴。部分是因为该术语的含义缩小了，而该词最初的含义是对**自然**（或称*phusis*）的研究。自然是指存在的万物，或全世界（包括作为其一部分的人类）。因此对自然的研究可以囊括众多截然不同的方面，“物理学” 也涵盖了很多方面的研究，但对我们来说，这些研究已经分成了不同的主题并以不同的方式讲授。

其中一种研究意在解释我们周围令人迷惑不解的事物。如何解释太阳和月亮的运行规律？关乎农民生计的四季交替是如何产生的？为什么会发生飓风、地震和日食月食？在古代，这些问题被看作哲学家们所从事的自然研究的一部分。然而随着哲学的发展，尤其是亚里士多德之后，哲学家们逐渐对这些问题失去了兴趣，因为尽管与其相关的理论不胜枚举，人们却找不到明确的方式进行取舍，由此也没有令人信服的方法来证明某种答案是正确的。这些问题变成了人们宴会餐桌上的谈资而不再是时新的哲学问题。当然，且不论科学的弊端，科学的进步在现代社会已经为我们提供了这些问题的明确答案。它们不再是高深莫测的哲学问题，而古代关于这方面的讨论现在也常被纳入科学发展史。

尤其在亚里士多德之后，自然研究领域的缩小还与大量的独立于哲学的科学知识的发展有关。尽管以现代的标准衡量当时的医学还很落后，但医学已经发展成为一门专门学科，并产生了不同的流派。然而，还是数学科学取得了最大的进步，欧几里得的著作《几何原本》为其最高成就。阿基米德不仅是一个伟大的数学家，还发展了天文学并躬身应用了诸如工程学等分支学科。科学史家们有时会悲叹高深复杂的技术理念竟被用于琐碎的用途。亚历山大的赫伦描述了一台机器，它能够使塑像自动地向祭坛倒酒。但是关于古代经济状况的基本事实阻碍了诸如工业技术发展的任何趋势。至于今人将科学转化为技术的做法能否带来了明显的福祉还要另当别论。

物理学与形而上学

然而，自然研究或者古代意义上的“物理学”涵盖的不仅仅是各个变窄了的科学研究领域。从一开始，“自然”一词便指“所有的存在”，即任何有待研究的事物。因此其内容之广博足以与我们今天所说的形而上学相符。变化是我们这个世界必备的特点吗？究竟什么是变化？我们生存的世界上，什么才是真正的存在，即那些在一种关于世界实际存在方式的可靠观点中具有根本意义的事物？像动物和人类一样有生命的事物是这种基本的存在吗？它们似乎是变化的对象，即变化发生于其中的物体。但是如果真实的存在就是变化的对象，那么也许我们在探索什么是真实的存在时就不应该局限于有生命的事物，而应该把所有作为变化对象的事物都考虑在内。也许这是构成它们的物质。诸如此类的问题是许多所谓前苏格拉底学派哲学家及亚里士多德哲学研究中的核心问题，他们将自己的观点掺入其中，许多研究成果为我们所参考。这些问题不属于现代科学的范畴，而属于被统称为形而上学的更为抽象的哲学研究领域。亚里士多德的"物理学"和他的"形而上学"间的分界线则经常模糊不清。

当对世界进行整体认识时，自然会出现这些问题。鉴于现代形而上学的研究范围更窄，它们常被作为一个相对独立的领域进行研究。因此我们倾向于把柏拉图的"形式论"看作，比如说，与我们所说的"物理学"或自然研究无关的一种形而上学理论。然而在古代，它常被看作是柏拉图"物理学"或关于世界万物的理论的一个方面。在《蒂迈欧篇》中，柏拉图对此进行了最初的研究；这部对话集今天不是很受欢迎，但是它包含了柏拉图的宇宙观和他对宇宙及其结构的描述。

柏拉图的"形式说"

柏拉图没有明确的关于形式的理论。在一些对话集，尤其是《斐多篇》、《理想国》、《会饮篇》、《费德罗篇》和《蒂迈欧篇》的一些篇章中，或通过辩论、或通过另外一些富于表现力的暗喻，柏拉图以不同的方式讨论了我们常常称为"形式"的条目，但是他并未对此给出标准的术语。

不同于我们经验中的美丽事物，柏拉图提出了"美本身”的观点，这种美不受环境、时间和视角的左右。不同于我们经验中美丽的人和物，美本身永远是美丽的。这一观点因表示价值的术语如**美**、**正义**和**善**，以及数学术语如**双倍**和一**半**而得到深化。人们无从知晓柏拉图的辩论如何能超越反义术语的范畴。尽管《理想国》中的篇章引起广泛的歧义，柏拉图并不认为每个普通术语均拥有一种形式。形式不是之后所谓的共相。它仅与事物的客观本性同在，可经由智性去把握。形式总是离不开运用大脑去推理，而不是一味地依赖你的感官体验。论述形式的名篇强调了这种对比：一方面愚钝地假设人类经验所留下的印象便是存在之事物，另一方面批判地利用理性来把握现实，即把握形式，而这只有孜孜以求的人才能做到。

在对话集《巴门尼德》中，柏拉图表明自己已意识到，在他有关形式的论著中具有明显的不一致性。然而，他认为要做的不应是放弃形式，而是两个方面继续争辩直到采取一种防御姿态。他坚持了这种精神，从未成功地提出一种确定的形式论。后来的哲学家常常简化这些问题，但是亚里士多德和20世纪后期的哲学家对柏拉图支持和反对形式之存在的不同辩论均进行了研究。

对古代“物理学”或形而上学的学习，其内容很大程度上取决于你所追随的哲学传统。例如，伊壁鸠鲁派认为，物理学和形而上学的作用仅在于对其问题的错误回答导致我们心烦意乱，闷闷不乐；而对这些问题本身感兴趣是在滥用时间，还不如更直接地去学习如何生活得更好。斯多葛学派认为使形而上学关于世界的主要观点回归正轨很重要：冥冥之中自有天意，理性地认识到这一点就会明白世间万物如何极尽其善。但对于因细节自身的缘故而去纠正细节这一点,他们的兴趣比伊壁鸠鲁派强不到哪去。

亚里士多德论自然

在古代各种哲学流派中,亚里士多德这一派的传统对自然研究的定义最为宽泛,最为包容。众所周知,亚里士多德在哲学家当中对成因和解释最为关注。并且,虽然对掌握现代科学知识的人来说,亚里士多德对自然的描述已不再能让人接受,但其主旨中所表现出的对世界万物的回应仍值得我们高度尊敬。

亚里士多德认为,自然是由具有本性之物构成的世界。何谓具有本性?即事物的变化和被改变是有内在源头的。认识狮子只有通过观察狮子本身以及它们与周围环境和其他物种间的关系来实现。相对而言,要了解一件人工制品,例如盾,我们则必须参考盾本身以外之物,即人类制盾时进行的设计。有本性之物首先是有生命的,如动植物,包括人类。亚里士多德认为,自然从一开始便不只是所发生之事,即世界万物作为一个无差别的整体的存在(密尔及19世纪以来的其他哲学家亦持此观点)。自然早已是一个由自我组织、生存方式各具特色的事物组成的世界,了解自然即是了解这些事物属于何种生命。自然界是活跃的,是一个活跃并不断变化的事物组成的系统。亚里士多德关于自然的观点根本不同于现代早期出现的那些为人所不齿的观点,这些现代人认为自然是被动的,有待于科学家去驾驭。

亚里士多德更没有表达过另一种更为臭名昭著的观点:自然有待于人类去开发利用。他认为技能和专长是自然的延伸。

他把农民种植庄稼、烧火做饭看作是人类消化过程的准备阶段,这个过程将不能吃的变成能吃的食物。他从没想过技术可能会侵占自然。(当然部分原因是他还不知道会有如此复杂的技术能够做到这一点。)他也从来没想到人类的行为会打破自然既有的平衡。人类捕鱼狩猎作为食物就像这些兽与鱼彼此猎食或食用其他植物一样,这些构成了自然界自我调控系统的一部分。可悲的是,亚里士多德的很多观点在今天听起来必然显得怪异,如今人们强行介入自然秩序引起了灾难性的后果,生态系统被破坏,很多物种遭到灭顶之灾。亚里士多德认为包括人类的所有物种已经存在并将继续存在下去。我们要做的就是去理解万物是如何和谐共存的。为此,在一篇著名的文章中他为研究"低级"动物而辩护,认为这同研究天体一样高尚,"因为只要是自然的便是奇妙的"。

亚里士多德认为,我们之所以要了解包括人类自身在内的自然,是因为这种了解欲本身也是自然的。可是,这不成了循环论证了吗?是的,但这无伤大雅。在现代意义上说,亚里士多德理论是自然主义的,他认为人类认识自然的过程本身就是自然的一部分。这个过程并非神秘地独立于认识对象之外。哲学,包括自然研究,皆始于人类的好奇;我们为周围的事物所困惑和吸引,直到找到恰当的解释我们才会心满意足。因此寻求解释仅限于对自然的解释本身,亚里士多德认为如果我们理解自然是为了剥夺自然以求达到自己的目的,那么这种行为就既愚蠢又不着边际。因此,虽然自然研究的不同领域所适用的方法各不相同,但是我们对人类自身进行研究以求解疑释惑的道理与对其他生物或非生物进行的研究是相同的。

解释即是找出事物之为事物的**成因**。亚里士多德认为有四种基本途径来实现，即他的“四因说”，包括他所称的形式因、质料因、动力因和目的因，即事物存在的目的。

亚里士多德的“四因说”

针对在他看来之前哲学家的狭隘性，亚里士多德认为研究自然万物时应该借用四个“成因”。他所指的是我们用于解释自然界事物及其变化的各种方法，并认为并非只有唯一的解释模式，而有许多彼此相容的解释。虽然亚里士多德的理论是关于世界的存在方式，而不仅仅是我们对世界的解释方式，但这四个所谓的“成因”是指不同的方面，可以纳入亚里士多德所说的解释自然的四种基本模式。

首先是质料因或质料，即事物的物质构成，它极大地限定了事物的属性和功能。第二是形式。亚里士多德以人工制品为例，认为其形式便是其形状；而对有生命的物体而言，其形式则复杂得多：大体上，它是指该生物存活的方式，这种方式界定了该生物的实质。例如，橡树的形式便是对为何该树仅在一定的气候中生长、为何橡子能生长为一**棵橡树**作出的解释。第三是动力因，那种引起变化的因素。第四是目的因或目的，即该事物或过程的目的为何，用来说明该事物的功能。

现代因果论的目的和假说与亚里士多德的截然不同，仅把他的动力因作为一个成因（而且仅用于有限的条件下）。

不经设计的目的论

亚里士多德意识到想要从目的论上作出解释，即解释目的因或存在的目的会引起争议。他知道之前的思想家认为自然的存在毫无目的，人类及其生存的世界只是偶然事件的附带产物。例如，有人认为动物的牙齿是某些物质偶然组合在一起形成的，而这些物质有些适合动物的需要，有些则不适合。

与通常一样，亚里士多德并不认为这种说法**完全**错误；我们确实需要合适的身体结构。但这本身并不足以说明为什么我们**总是**（或几乎总是）发现动物相当适应它们的生活，而且身体各部分的结构恰好具有一定的功能。以牙齿为例，前部常是锋利的门齿，用来撕咬食物，后部是粗钝的臼齿，用于咀嚼。像这样完美的安排在动物身上随处可见。除非是哪儿出错了，否则没有哪个动物会挣扎于身体结构方面的某些错误安排（比如说臼齿长在了前面）。亚里士多德认为，偶然性在解释为何动物对周围环境和生活方式具有很强的适应力时显得很不充分。他由此得出结论，我们的解释应该考虑事物存在的目的。但他并不认为这种解释会适合万物，例如马和骆驼的存在就没有什么目的可言。亚里士多德所关心的是如何对动物身体的各部分作出解释。例如，心脏是用来将血液输送到身体其他部位，而血液则是为了给身体提供营养。

亚里士多德的观点在今天看来颇为有趣。因为，一方面我们认识到他的错误，另一方面又看出就当时而言他的观点比别人的更有道理。那时，人们对地质年代一无所知，又没有一种可信的机制来解释偶然性会引起这种（几乎）普遍的良好适应力，因此亚里士多德有充分的理由认为这种很强的适应力并非仅仅靠偶然性便能解释的。在达尔文的著作问世后，我们才明白为什么我们没有因为亚里士多德所强调的那类理由而被迫接受了亚里士多德的观点。

亚里士多德的目的论方法使他提出了最能引起共鸣的观点。他认为，树根对于植物而言就像是动物的头脑；但这并非是说植物是倒着生长的，因为上下之分取决于我们要讨论的对象。螃蟹是唯一横着爬行的动物，但在某种意义上说，它是在前行，因为只有这样他们位置独特的眼睛才能看见前进的方向。在这些以及很多其他情况下，亚里士多德摆脱了人类惯有的思维方式来思考诸如营养和运动等问题，他从其他物种本身的角度出发去观察它们如何良好地发挥功能。

亚里士多德的目的论并非指自然万物之目的是计划的结果——事实上，他认为那样不过是将人类自身的意愿强加于自然之上，是按我们的意象对自然荒诞而自负的扭曲。但是亚里士多德的目的论并不是古代世界唯一的目的论。

经设计的目的论

在对话集《蒂迈欧篇》中，柏拉图将宇宙描述成是由上帝创造的；上帝就像一个制作工艺品的匠人一样创造了这个世界，赋予良莠不齐的万物以形式与秩序。柏拉图认为上帝创造世界所用之材料本身就是有缺憾的，甚至是冥顽的，因为尽管上帝造物的计划至善至美，我们的世界却仍存在着败笔和邪恶。

柏拉图在作出这番描述时，究竟是认为上帝造物确实发生了还是仅仅借此分析事物的存在方式，对此古代的人们一直莫衷一是。但是可以肯定的是，在他的整体构想中世界的产生并非毫无目的，而是为了实现其创造者的设计意图。不仅如此，这种整体计划论不仅解释了宇宙学的基本规则，还说明了一些十分具体的细节问题，尤其是与人类相关的问题。例如，人之所以直立行走、人的头脑的形状之所以大致呈球状，就是因为人是有理性的，这不同于其他动物。正如我们可能意料到的，这类解释完全是异想天开。

但是《蒂迈欧篇》并不是严肃的宇宙学著作，而只是讲述了一个“似有其事的故事”，这正是柏拉图认为恰当的表述方式；全篇风格诗意浮华。所进行的叙述也显然“无所不包”，讲了根据几条十分笼统的原则所得出的结果。柏拉图无意解释我们从经验中观察到的现象，他本人对这种观察也毫无兴趣。

斯多葛学派继承了柏拉图关于上帝造物的观点，并将其进一步发展，但方向有所变化。斯多葛学派对于上帝的理解不同于柏拉图。他们认为，上帝并非世界的缔造者，人们应该从更加非人格化的角度来理解上帝。上帝只是世界万物理性的组织形式，因此人们不应以人的模式为基础来思考上帝（尽管斯多葛学派承认信奉诸神的大众宗教朦胧地反映了世界由理性和才智架构而成）。

因此，不同于柏拉图把上帝看成一个能工巧匠的观点，斯多葛学派更乐于寻找证据以证明世界是设计和理性规划的产物。他们否认世界是偶然事件和偶然力作用的结果，认为这有悖情理，他们声称其中的道理就像认为将字母表的各个字母随意分布就能创作出一首诗一样。（请注意这种观点不同于亚里士多德的观点：亚里士多德否认偶然事件可以带来惯常的良好适应力，而斯多葛学派否认偶然事件可以产生精致的设计。）

斯多葛学派关于世界存在设计的一些观点要诉诸自然物纯粹的复杂性。例如，其中一个观点认为，如果把一个像钟表这样复杂的机械装置拿给对其不甚了解的人看，他们仍会认为这是某个理性存在者的造物。因此，在功能上表现得比人工制品更为复杂灵活的自然物必然是理性的产物。这种从宇宙万物中折射出来的理性显然要比人类的理性高深得多。(这一论点与达尔文之前基督教思想家中相当常见的“设计的论证”惊人地相似。)

其他的观点则诉诸世界组织结构的复杂性——世界被看成一个庞大的生态系统,其中各部分相互依存。斯多葛学派还诉诸动物对环境的适应以及动物之间的依存关系,但这种兴趣并非针对这种方式本身,而在于它们说明了世界是一个组织完善的整体。

因为把世界看成是设计好了的,斯多葛学派常常把它比作一座房子或一个城市;又因为房子或城市显然是为其居住者而设计的,所以以下这一点便显而易见:斯多葛学派认为世界被理性地设计出来是为了使有理性的存在,即神和人受益。因此,对人类而言,世界上包括动植物在内的其他一切都是为了人类的利益而设计的。这一观点导致斯多葛学派主张人类中心说的世界观,谷物、橄榄、葡萄都是人们用来果腹的,羊毛被人们用来蔽体,牛用来为人们拉犁耕地等等。这种世界观几乎必然会扼杀我们在亚里士多德身上看到的对自然奥秘的好奇心,并导致人类对其他自然万物的掠夺心态。与之形成强烈反差的是,斯多葛学派对人类的态度是人道的,并不考虑他们的社会角色。

无目的论?

在古代各流派中,伊壁鸠鲁是唯一一个否认能对自然作出任何目的论上的解释的人。他认为,无论是作为一个整体的世界还是其中的任何个体,自然界的存在毫无**目的**。

他十分肯定地断言,我们的世界,以及在无限的时间长河中存在过的很多个世界都是空荡的太空中原子偶然碰撞的产物。他认为,如果时间允许的话,这个解释是充分的。我们已经看到,鉴于古代文化中其他关于世界的看法的状态(如未对宇宙的实际存在时间作任何说明),伊壁鸠鲁的观点在当时必然不如对今天的人们更具说服力。古代思想中目的论形式繁多的原因之一便是各家之言都不能使其他流派信服。

伊壁鸠鲁同样反驳了对立的观点,他认为如果人们以毫无偏见的眼光去观察世界就会发现它不是设计或至少不是极完美设计的产物。例如,世界上大部分地区不适合人类居住,人类生存的努力常常受到威胁,自然因素的无常(干旱、飓风等)、恶劣的环境以及其他物种的侵犯都让人类的生存变得非常艰难。婴儿时期的无助和自然武器的缺乏使人类在与其他物种的生存竞争中并不占优势,诸如此类。

只有针对上天创造世界是为人类谋福利的观点,伊壁鸠鲁的反驳才是有力的。即便如此,对方同样作出了回应:人类遭遇的困难也许是因为对世界进行理性设计时所用的原材料太低劣。而伊壁鸠鲁从未真正意识到,倘若自然的产生没有任何目的,他便很难解释原子的偶然碰撞会导致各物种对环境**惯常的**良好适应力。

古代理论与现代世界

这些古老的争论被大大地简化了。早在古代,犹太人和基督徒就接受了柏拉图在《蒂迈欧篇》中阐述的哲学观点,认为他的解释恰好与《创世记》中上帝造物的故事一致。这不足为奇,因为犹太基督徒信仰的上帝便是造物主,这个造物主意在使这个世界良好运转。另外,人类在世界上受到特殊的眷顾。中世纪,设计论曾一度盛行:世界万物,包括人类(其实尤其是人类)

都是由上帝设计并且创造出来完成自己在世界上的使命的。人类是这个计划的特殊受益者,所有其他创造物都是用来为人类服务的。

亚里士多德的观点在中世纪被再次发现以后也被纳入了设计论，因为亚里士多德的目的论符合神学的一种解释框架，即世界是由设计师上帝创造的。而亚里士多德本人更为微妙的观点则被忽略了。这一时期似乎只剩下两种观点,即世界是神圣设计的结果或世界仅是偶然事件的产物。后一种观点直到文艺复兴时期才再次得到重视,此时伊壁鸠鲁的观点再度盛行并激发一些哲学家抛弃了整个中世纪的世界观。

中世纪的世界观包括了亚里士多德的哲学思想,而且很大程度上是以这些思想为基础的。但在发展过程中,他的思想却被大改特改。亚里士多德的自然观,包括他关于自然万物的目的论,都成为一个庞大的神学体系的一部分。在这一过程中,随着他的观点被凝固为一种体系并日益被视为一个完整的、无所不包、无所不知的稳固的体系,他本人那种试探性的、合作的研究方法则被渐渐淡忘。中世纪诗人但丁将亚里士多德称为“智者的导师”——换言之,无所不知的大师,这与亚里士多德本人带着好奇与惊异的探索精神相去甚远。

文艺复兴时期的新学取代了亚里士多德主义体系,但由于这一思想体系在大学中已经根深蒂固,因而它的影响惊人地又持续了很长时间,并且变得自我封闭,保守地排斥任何新思想。曾被罗马天主教奉为至尊的亚里士多德的伦理和政治思想也遭遇了同样的命运。对亚里士多德思想的僵化理解同样导致了人们简单地摒弃他的思想,而不去细致地挖掘它们。早在亚里士多德被奉为伟大的权威的时代,一些颇有见地的思想家就经常抵制这种权威，而与此同时也摒弃了亚里士多德本人的观点。由于亚里士多德的著作十分令人费解，对其思想的敌对态度开始在各种书中传播开来，那些从来没有真正将亚里士多德作为一个哲学家来研究的人也就轻易接受了这种态度。直至今天，仍可经常看到一些人对亚里士多德持有偏执的敌意，他们对于亚里士多德的了解仅限于断章取义的几句话，并简单地视其为应当摒弃的权威。

这只是后世传统脱离原本的语境，对古典哲学思想断章取义、嫁接挪用的一个典型例子。有时这种做法是令人鼓舞的，会引发新的卓有成效的思考，比如19世纪对柏拉图《理想国》的政治解读（见第二章）以及中世纪大部分时期对亚里士多德的理解。但是倘若这种解释性传统延续过久（尤其是没有与之抗衡的严肃观点）而变得僵化和教条化时，结果可能会显得自相矛盾，并导致对这些观点的敌视和不假思索地排斥。这会更加阻碍我们回归原作，并从我们自己的视角进行解读。

亚里士多德与权威

“对真理的探索一方面很难，另一方面也很容易。这一点从以下事实便可看出，即没有人能完全掌握真理，同时，也没有人与真理彻底失之交臂。事实是每个人对事物的真实属性均有一定程度的认识；虽然作为单个的个体，他们对真理的贡献甚微或几乎是零，但当所有的贡献集合起来便有了可观的积累。因此，由于真理像一个容易击中的目标，没有人会失手，从这个角度说探索真理是容易的；但我们要掌握整个的真理，而不是某个特定的部分，这便是难点所

图 6　亚里士多德像：严肃认真

在……我们应该感恩，既要感谢那些我们可能同意其观点的人，又要感谢那些表达了较为肤浅观点的人，因为通过展示思想的力量，这些观点也是有所贡献的。”

亚里士多德，形而上学，第二卷，第一章

“当一个经院哲学家跟我讲**亚里士多德**曾经讲过时，我只会设想他的用意是让我怀着世俗对那个名字所拥有的敬意和屈从来接受他的观点。对那些习惯了屈从于那个哲学家的权威而放弃自己判断的人这会产生立竿见影的效果，因为往往不可能先考虑到他的为人、作品和声望。习俗在**亚里士多德**这个名字和一些人心中的赞同与敬意之间搭建了非常紧密而又即时的联系。”

乔治·贝克莱主教

第六章

一切始于何时？它们究竟为何物？

一切始于何时？它们究竟为何物？

很多人都曾满怀期待地将目光转向希腊哲学的开端，结果他们却发现在此遇到的第一位哲学家，公元前6世纪的泰勒斯竟公然宣称“水是万物的本源”。任何一个教授古典哲学的人都不得不面对这一命题可能引起的迷惑。对于哲学传统来说，这是一个古怪的开端。然而6世纪发生的**某些事**为哲学赢得了菲洛索菲娅或爱智慧的名号，我们可以把这看作是与哲学相关的。那么，它到底是什么呢？

正如我们所见，古代哲学门派纷繁且喜好争论，因此这一问题确实难以回答。几乎没有什么能郑重其事地把从泰勒斯到古代末期的诸多哲学家联系在一起。确实存在一个传统，但这是一个混杂、纷争的传统。

由于希腊哲学在文化上的巨大声望，它时常招人嫉恨；那些自认为在文化上被边缘化的群体有时会宣称，希腊哲学根本不具备原创性，它只不过是未经许可从别处拿来的一种传统——通常从相关的群体处拿来。早期教父们认为异教哲学家从犹太经文中窃取观点，20世纪的非洲中心主义哲学家则认为他们盗取了埃及神秘宗教的思想。但是这些观点在历史上都无从考证。

关于希腊人独创力的不同看法

“令人敬佩的是他们在智力上的充满活力和独立精神，他们借此追求连贯的体制，却没有因为亦步亦趋地抱守思想而在得出惊人的结论时畏葸不前。很可能是因为与东方宇宙学和神学的接触释放了他们的想象力；这确实给了他们许多启发。但理性是他们的原创。我们认为哲学是一个希腊式的观念。”

马丁·韦斯特，1986

“难道柏拉图不是在用希腊文写作的摩西吗？”

阿帕梅亚的努梅涅斯（公元2世纪）

“既然希腊人不但从埃及人、迦勒底人和其他外国人那里抢劫了其他学科，而且即使是现在还在劫掠彼此的文学声誉，那么如此看来说希腊人会窃取犹太人的信仰，也就不足为怪了……

希腊人在智慧原创方面一无贡献（唯一值得称道的不过是文字上的灵巧流畅），他们所有的成就都是从外国窃取，因此有理由相信希腊人意识到了犹太人的话语的力量并且对此下手……不是我把他们看作窃贼，而是他们自己的言行的确如此。”

尤西比厄斯，凯撒里亚主教（约260—339）

希腊人自己倒并不认为哲学是他们的原创;他们认为它来自希腊之外的各种不同的资源,多数来自东方。那时的希腊人并不把原创看得如此重要,他们也确实认为自己在哲学研究上表现得卓尔不群。实际上,即使我们是在读出自如晦涩的泰勒斯之笔的作品片断,也可以读到一种有趣的、与众不同的思维方式。

理性的传统?

是什么使它(这种与众不同的思维方式)哲学化?通常这一过程最明显的特点是诉诸**理性**和**辩论**。即使是如此笼统的表述,这个命题也毫无疑问是正确的。哲学家以此著称:他们为自己的推论辩护,同时反驳对手;他们要求别人就其主张提供理由,同时又为自己的主张给出理由。虽然这可以把哲学与诗歌等门类区别开来,但是这并没有给出哲学活动的明确过程,或者使哲学区别于其他智力活动。理性和辩论有许多种,哪一种有价值呢?当我们审视前苏格拉底时代所产生的不同思想时,很难从中发现某种单一类型的推理,或对某种单一类型的辩论的需求。

前苏格拉底时代的第一批哲学家包括来自小亚西亚的米利都的泰勒斯、阿那克西曼德和阿那克西美尼,他们热衷于提出宇宙论,致力于对我们所居住的世界作出理性解释。亚里士多德曾敏锐地指出,他们关注其所称的物质性起源,即我们的世界是由什么组成的。对于这个问题,我们发现他们给出的答案来自水、气和"无形无质体"等方面。这种解释简约得惊人,它同时为大千世界里纷繁复杂的物理现象提出了解释。有鉴于此,这些对世界提出解释性猜想的哲学家,常常被看作科学的

图 7　后世所作阿那克西曼德像，所持日晷被视为其本人的发明

先驱。但是显而易见,这些纯粹推测性的理论不可能与科学探究得出的准确概念进行有效地比较。公允地说,前苏格拉底时代的哲学家们是过渡性的,他们身上有着一种类似后世的哲学和科学那种意图解释世界的智力冲动。

其他前苏格拉底时代的哲学家对科学并不感兴趣。埃费苏斯的赫拉克利特以晦涩难懂的名言警句而著称,他以火为世界万物的本原,并把这个命题与个体的自知相联系。他对这两者的描述都诉诸理性(逻各斯),这里的理性既指个体的理性,也指个体理性应该努力遵从的宇宙大道;但对于这个命题,赫拉克利特并没有提出什么理由或论据来使我们信服。科洛封的色诺芬尼以理性和辩论来消解对诸神的天真信仰。在他的学说中,我们第一次清晰地看到在用某种被其辩称为更合理的东西来质疑和取代常规信仰的过程中,理性派上了用场。他以令人信服的方式说明神人同形同性论是有缺陷的:色诺芬尼认为每个人都以自己的形象创造神的形象(甚至动物也会这样做,如果它们能做到的话)。但是他关于上帝的据称是更有理性说服力的观念是如此奇特——上帝似乎是一种球体——以致人们不得不面对这样一个问题:颠覆我们的信仰并使我们直面这一点的推理之权威何在?

一种新的思维方式?

“我一直意在证明:由于早期爱奥尼亚人的传授,一种新事物产生了——这种事物我们称之为科学……认为爱奥尼亚人的科学起源于任何一种神话观念都是大错特错的……严格意义上的科学最终把整个世界作为其研究对象,我们应该把这种对科学的准确界定归功于爱奥尼亚人。”

约翰·伯奈特，1892

“我曾力图证明哲学家是如何保有其先知特性的。为了达到对神圣感和事物真实本质的认识，他依赖对自己的理性的假定特性再外加一点宇宙意识……这种直觉化的理性取代了以往活跃在梦幻和启示视野中的非凡能力；超自然的变成了形而上学的……只有奇迹才能使6世纪的智者们清除他们头脑中所有的虚构偏见。”

弗朗西斯·康福德，1952

对于埃莱阿的巴门尼德和芝诺来说，这个问题是相当尖锐的，他们曾写下了那个时代尽人皆知的论题。巴门尼德的抽象论证得出了一个没有人能接受的结论：能够被思考和述说的对象实际上只有一个，关于使这个对象实现复数化或对其加以限定、割裂的说法都难免显得荒谬。因此我们关于客体那种形态各异、变动不居的多重性的经验完全是误导性的。芝诺推演了许多辩论，把我们对日常经验的多重性和变动性的假定归于荒谬。这样的结论让人难以接受，但问题是这些主张又难以反驳。这使人们对理性辩论产生了一丝不安：当它的结论与我们的信念相矛盾时，我们应该如何面对？

对此的回应各不相同。有些思想者继续致力于提出对世界作出解释的宏大理论，虽然他们的理论破坏了常识性信念。克拉佐美尼的阿那克萨哥拉告诉我们，当希腊人说某事物产生或消失时，“希腊人错了”；从阿那克萨哥拉的理论视角看，新产生的事物本来就已存在。与之相似，阿克拉伽的恩培多克勒、原子论者留基伯及阿伯德拉的德谟克利特都提出学说来修正我们对于现实的常识性信念,并且这些学说还会随着他们自己的假定的变化而变化。他们中没有人怀疑其推理是否可以做到这一点,也没有人充分解决如何从常识性信念的角度来看待其学说的问题——在此,德谟克利特确实发现了一个问题:我们从自己的经验走向理性表述,但这反过来又贬低了经验。

但是,另外还有一些思想家,包括某些智者,都坚持这样的观点,即哲学思辨借助人们无法驳倒的论证却得出某些令人无法接受的结论,这其中的方法有些可疑。论辩中的机敏成了令人恐惧和嫉恨的东西,它仅仅被看作是一项技巧。从这个角度看,哲学思辨和政坛、法庭上巧舌如簧的演说者的非道德精明就没有什么区别了。

这种情况显然是很混乱的,它也在某种程度上说明了为什么这些哲学家被称为"前苏格拉底",暗示苏格拉底是一个关键点。不管这些哲学家个人取得了怎样的成就,他们并不明确地归属于一个统一传统,在此传统中推理扮演着一个清晰的哲学角色。这一点始于苏格拉底。

理性和理解力

乍看上去,正如我们在第四章所见,苏格拉底似乎不可能是这个哲学传统的代表人物。他总是个门外汉,拒绝附和那个时代的哲学家们的所作所为。而且对于提出关于世界的理论、展示演讲术、赢得辩论等等,他一概嗤之以鼻,认为这些都是夸夸其谈,浪费时间。那么,是什么使他成为了里程碑式的哲学人物?

正如我们所看到的，苏格拉底针对他人的观点，通过他们无力回应自己的论辩来表明他们对所谈论的事物缺乏理解。要对事物有所理解，看来你必须能够对其“提供解释”，这意味着给出理由，并最终对探讨中的论题作出理性描述。但这并不容易做到，除非你扪心自问搞明白自己信念的根据是什么。因此当你要求他人为其本人的言论提供依据的时候，如果他们答不上来，或者提供的依据混乱不清、前后矛盾时，你可以说他们缺乏理解。但特别地如果你擅长这种提问（正如苏格拉底显然精于此道），你将会意识到这种追问也适用于你自身；你可能提出观点，但是这并不能说明你理解它们，因此也没有权利独断强制地推广它们，除非你能提供足够的依据来回应别人的追问。

苏格拉底以降，理性辩论成为哲学的生命线，因为只有在辩论的交锋中我们才能达成对我们所持并试图向他人展示的主张的理解。（正如我们所看到的，理解是一种知识，而我们只能认识真理；因此哲学的主要特征也可以被看作是对真理的追求。）由此，我们才能在所有哲学流派中发现对推理和辩论的重视。现在我们看到一种**关于**哲学的理性和辩论的清晰意识渐渐浮现，它不在于单纯地把别人驳倒，而是与追求真理和理解联系在一起。

从外部来看，那时候和现在一样，所有的辩论看起来似乎都是咄咄逼人、毫无魅力的，对于没有哲学天资的人来说这似乎毫无意义。（有这样一则故事：一个罗马官吏把雅典所有的哲学家召集在一起，为他们的观念冲突提出调停，以便最终解决他们之间所有的分歧。）但是从此，理性思辨在哲学上的重要性则体现在它对理解的促成上。那些拒绝辩论的人，如毕达哥拉斯信徒铭记导师所言、唯导师是从，在哲学上总是被视为边缘人。伊壁鸠鲁相对不重视辩论的态度也招致了其他哲学流派的批评。

作为学科的哲学

人们认为柏拉图首创了哲学学科。在此过程中他首先从苏格拉底身上继承了如下两点：重视辩论对理解的关键作用，以及在多种问题上的积极看法。柏拉图还加入了另外重要的三点：一是系统，即多种观点可以形成一个整体；二是把哲学看作是自觉地有别于其他思维方式的学科；三是把哲学作为一个研究学科加以制度化。

在古代世界中柏拉图被看作是一位关键性的人物，他是第一位有心使自己的观点系统化的哲学家，他把极其多样的问题以一种相互论证的方式联系在一起，并且在这些问题上都有自己的见解。不知在此把柏拉图看作是先行者是否公道，原子论者德谟克利特也在一系列的问题上进行过思考，但柏拉图确实是第一位我们能读到其著作的哲学家。后世的作家认为柏拉图是历史上第一位把哲学看作是涵盖三个领域——逻辑学、伦理学和物理学——的思想体系的人。这是个时代错误，但柏拉图确实在后世思想家涉足的大部分领域中都占有一席之地。

柏拉图并没有明示，他那积极而系统的思想是如何与辩论确立理解的观念相联系的。但是他却明示后人，重要的不仅仅是观点正确，还要以正确的方式持有观点——在理性辩论的基础上理解。柏拉图是通过撰写对话集表达上述观点的，在对话集中柏拉图从来没有显身发言，这使他与他所持有的观点保持一定的距离。因为读者应该自己来思考这些观点，并检验自己对这些观点的理解。即使柏拉图对某个观点很明显地非常确定,他也不会把它强加于人。如果有读者因为柏拉图的权威而接受了某个观点,那么他就错过了其中的精华部分。这个观点必须被检验、被争辩,这样它才能被理解。

应该以一分为二的态度来看待柏拉图的遗产。他的学园在其设立的大部分时间内以柏拉图式的方法进行哲理推究,以攻击式辩论法反驳同时代人的观点,但其自身却没有立场。直到学园关闭之后,即公元前1世纪,哲学家们才开始把柏拉图自己的思想作为一个系统进行研究和提升。对柏拉图的阐释总免不了顾此失彼之虞——他或者被认为是把论证抛给别人了事,或者被认为是热衷于提出某些观念。

现代而非古代的阐释者强调柏拉图有意把哲学确立为一种**独特的**思维方式。在《理想国》的结尾,当柏拉图借苏格拉底之口告诉我们,诗(或者更笼统地说是文学)和哲学长久以来就争论不休时,他似乎是在为自己的观点追根溯源。但柏拉图最引人注目的行为之一,就是以其杰出的文学天赋说明哲学是"辩证的",一种不依赖于修辞或文学技巧的纯粹辩论。正因如此,他始终坚持,哲学这项活动**不同于**其他人(如演讲家、诗人和智者)的所为。

不管这在柏拉图的作品内造成了怎样的张力,后人却在一点上得到了他的真传。后世的哲学发展了一种专业的文体风格:直截了当、明晰透彻,纯粹依靠理性辩论的力量。无须诧异的是,对于普通读者来说这索然无味,并且在为公众所创作的简易的文学化作品和以坚定不移的专业化、技术性笔调写就的"真正的"哲学著作之间,我们发现一道鸿沟渐渐形成。

这道鸿沟后来又因哲学的制度化而被进一步加深。虽然每一个时代的哲学家都根据自己所处时代的大学或学院模式对柏拉图的学园进行阐释,但我们对其组织机构所知甚少。但它是一种新事物,一所容纳像亚里士多德这样的年轻人来投身哲学的学校。他们可能学到了柏拉图的观点;他们也学会了如何辩论。亚里士多德在其人生的后期创立了自己的哲学学校,这被一些人看作是自负之举,但它确立了一种模式:独创性强的哲学家可以创立自己的学校,招收门徒和学生,这些门徒和学生会学习、深化和传播他的观点。由此,柏拉图和亚里士多德的哲学在各自学校中都拥有了一段历史;它们变成了其他哲学家研究的对象。

有了哲学学校——斯多葛学派和伊壁鸠鲁学派都以类似的原则创立——我们就会发现古代哲学家和现代哲学家的活动惊人地相似。虽然富裕的柏拉图拒绝收取学费,但是费用还是很快成为这个制度中的必要一项。入读哲学学校成为年轻男性(有时也包括年轻女子)教育的一部分。(或者,他们也可能拥有一位训练有素的哲学家作为家庭教师。)他们接受教育,以便能够理解和赏析某些重要的哲学观念,这些观念中的许多内容已经成为文化传统的一部分。在学校里,他们也在辩论技巧方面受到训练,以便在他们离校时能够掌握某些在诸如政治和法律等领域中更具实际价值的应用技能。那些最有哲学天赋并且献身于哲学研究的人会留在学校里,永远成为学校哲学团体的一部分。这听起来和当今大学中的哲学教学有些相似。(或者更像学位和分数还没有变得和文凭同样重要之前,那些不那么僵化的大学体制。)哲学是某种大学教育的一部分,这种观念一直持续到古代的晚期,历经政治和文化的巨大变迁。

这种相似还存在于哲学研究的许多具体方式中。我们发现哲学家是针对其他哲学家的论文和散文,来相应撰写自己的论文、散文以及辩论性著作的。我们还发现了对哲学先人,尤其是对柏拉图和亚里士多德的作品的评注。我们发现在同一流派中存在争执,例如关于两个同代人谁准确地理解了伊壁鸠鲁。我们还发现了针对当时其他学派的大量辩论。从风格和目标来看,这些作品和现代的哲学期刊文章以及书籍非常相似。实际上,与柏拉图的对话相比,现代的哲学学生更容易与作为哲学专业化产物的此类著作产生关联。而柏拉图的对话在形式上和任何现代哲学写作都有所差异。

由此,柏拉图之后的哲学是哲学流派史(其中有两个例外,后面我们会谈到)。这里还有一种有趣的不光彩一面——一直持续到古代晚期的对伪哲学家的抱怨,这些伪哲学家以哲学来谋取个人利益,包括在钱财方面和名誉方面。他们是一群小丑式的人物,在课堂上品行高洁,在课堂外唯利是图。这也说明古代哲学不仅是一种智力挑战,也可以为改善生活和寻找生命的意义提供切实的帮助。人们不仅希望哲学家能传播智力技能,也期待他们能在寻找美好生活的过程中躬身垂范。对于后者,如今我们更多的是在宗教或智能性更低的事务中寻求。古代的哲学家并不是提供了众多学科中的一种学科,而是提供了一种唯一可以走进他们的受众心中的学科。

形形色色的哲学流派

虽然亚里士多德是柏拉图的学生,但从某些方面来说,他在学园之后形成的各种学派都是最不具有代表性的。这是因为亚里士多德本人兴趣极其广泛。他广泛研究、深化或创立了各类学科,从文学理论到逻辑学,从经济学到生物学。他身后所留

图 8　哲学家们在一起交流、辩论

下的论著数量庞大，其中一些是理论方面的论文，另一些则更像是研究记录。从这个角度看，亚里士多德学派和后来那些研究方向狭隘的哲学流派不同。

像此前的许多学派一样，斯多葛学派起于公共场所；而伊壁鸠鲁却与众不同地把他的学校置于私人居所——花园内。伊壁鸠鲁要求他的观点被不加质疑地接受并铭记，这一点也与众不同。但不久之后，伊壁鸠鲁学派及其在别处的支脉也展开了和斯多葛以及其他学派极为相似的活动——争辩与反争辩、评述经典作品、普遍延续其创立者的哲学活动。每一代学生都需要自己来重新学习和理解哲学观点，因此即使是致力于传授其创立者学说的哲学流派，也会在阐释的交锋中得以发展。此外，随着政治和社会环境的变化，出现了需要解决的新问题、需要迎接的新挑战。例如罗马征服了地中海地区后，希腊知识分子开始教化未开化的罗马人。

从公元前1世纪开始，我们发现不同学派之间持续不断的争论导致了某些混合派或“折中派”（将不同学派的观点结合在一起形成一种新的立场）的产生。安条克是当时非常有影响的一个人，他认为柏拉图、亚里士多德和斯多葛学派在许多问题上的核心观点是可以兼容的，他们之间的差异被夸大了。在哲学史上，这些流派在旨趣方面的地位往往低于那些原创思想家所创立的学派。但我们仍然能够认同其立场。一旦哲学形成了讲学的传统，不顾一切地去标新立异看起来就显得比较愚蠢，而基于已有的观点进行辩论或构建则更为合理。今天大多数哲学家都是这样做的，因此我们应该收起对此不屑一顾的态度。

在罗马共和国的晚期和罗马帝国的早期，有理由说古典哲学达到了一个全盛期。虽然这时不再有伟大的原创思想家，但各种哲学流派相互交流，兴旺繁荣。这些哲学流派把它们的观点散播到整个罗马帝国，一个严肃求学的学生有大量机会去学习和思考这些观点。(在这个时候，雅典已经失去了它从柏拉图到公元前1世纪之间一直拥有的哲学中心的地位，像亚历山大和罗马这样的城市也取得了文化上的重要位置。）在整个帝国范围内，受过教育的人都熟悉哲学、都能够谈论哲学。一种如此丰富多元的文化传统能够有如此大的影响和重要性实属罕见。古代的末期之前唯一一个重要的新流派是公元3世纪出现的对一个旧学派的重要阐释——普罗提诺以新颖和独特的方式对柏拉图观念重新思考并加以整合，这个学派我们称之为新柏拉图主义，它在以后的几个世纪中繁荣活跃。

我们前面提到的两个哲学运动出现在这种流派杂糅的局面中，它们与其说具有流派性不如说具有反流派性。

其一是皮浪的怀疑主义，正如我们在第四章所见的，这一运动与柏拉图学园的怀疑主义大相径庭。就像我们在作为主要资料来源的塞克斯都·恩披里柯的记载中看到的那样，皮浪怀疑主义在方法上是完全可行的，可以被系统化。但是就其自身来说，它想要在任何事情上确立权威都会自我拆台，甚至在皮浪怀疑主义的本质这一点上也是如此，因为这会使他认识到自己对某些信念的足够坚持，从而威胁到怀疑的定力。因此皮浪主义绝不会主张前后一致地成为一个体制化的流派。这也是为什么我们对它的传播和影响所知甚少的一个原因。

第二个“反流派”运动来自犬儒派，它起源于公元前4世纪西诺普的狄奥根尼。狄奥根尼率先垂范成为别人效仿的榜样，但他没有建立任何正式的机制。犬儒派得名于犬(在古代这是不知廉耻的象征)，他们热衷于街头布道，在生活方式上公然违背社会规范，目的在于通过拒绝社会习俗来"回归自然"。尽管某些犬儒主义者的讲学方式确实不拘形式，但在哲学上它仍然只是一种吸引教化边缘群体的生活方式。犬儒主义拒绝理性辩论，认为生命中没有什么费解之处，关于人生问题的答案也很简单，因此犬儒主义永远不可能成为一种哲学流派。

最终的转折

很难确定作为一种鲜活传统的古典哲学终止于何时，尤其是在人们无法准确确定古代——古希腊和古罗马文化——末

图9　一名基督徒的墓碑上镌刻的图案：一位哲学家坐在一个祈祷的人身边

期为何时的情况下。当罗马帝国分裂时，东部的拜占庭帝国保持了政治和文化上的统一，并且尽管是以部分和有限的形式存在，哲学在此仍然是一种学术研究。这种统一性在西部则荡然无存，哲学文本被（部分地）保存在修道院中，但这些保存者不再是这些文本所包含的传统的一部分。甚至连写就这些作品的希腊文方面的知识也失传了。当哲学重新发展起来，这种以亚里士多德为主、柏拉图也占一席之地的传统又成为哲学的一部分，只是被纳入了一个有所差别的神学框架中。直到文艺复兴时期，人们才有可能独立地研究古代作品的文本，而对亚里士多德的研究，仍然需要同他的中世纪改造所导致的后续作用进行斗争。

公元529年，基督教徒皇帝查士丁尼关闭了在雅典传授异教哲学的学校，这一年被看作是作为一种鲜活传统的古代哲学的终结点，对于这一点需要予以说明。像许多重大的历史时刻一样，这也经不起历史研究的追问。雅典早就失去其哲学中心的地位，人们不清楚除了柏拉图主义是否还有别的学派在此活跃。实际上查士丁尼也并不是关闭了哲学学校，他似乎至多不过是禁止异教哲学家讲学，这个法令似乎也并未生出实效。早在529年之前异教哲学就陷入了危机，此后只是在某种程度上苟延残喘罢了。

然而，认为是基督徒皇帝的不宽容终结了这一传统的想法也不无道理。古代世界的犹太人和基督徒总是面临这样的一种选择：或者为了忠于信仰和经文而完全排斥哲学，或者尝试至少部分地把哲学融入自己的传统中。他们这样做是通过宣称哲学是犹太教和基督教的某些深层真理的变形的发展阶段来实现的。然而，他们的方法对哲学传统不仅是选择性的，而且也彻底缩减了理性和辩论的空间，而这种理性和辩论对古代哲学家们的研究活动是如此关键。古代的犹太教和基督教作家大体上只是延续到我们手中的（部分）哲学传统的传递者，而不是参与者。基督教是被强加的唯一的世界观，在这种情况下，哲学几乎不能继续履行其对信仰进行质疑和理性思辨的使命。

古典哲学和当代哲学

自古典哲学被重新发现以来，它在西欧哲学发展史上的某些时段颇有影响，大部分时期都受到了尊崇，这些西欧国家本身即是古希腊罗马文化的继承人，并且古典哲学对那些受西欧文化影响的国家的哲学发展也产生了深远的影响，这些国家如北美和澳大利亚等。这个极为差参多态的古代传统中的不同部分在不同的历史时期成为强势话语。斯多葛学派在18世纪影响巨大，19世纪则降格为专门的研究，这与柏拉图的际遇恰好相反。有时，人们过于注重所谓伟大思想家的观点，将其当作“经典”而进行展示，却忽略了它们富有争议的背景。足够宽松的传统导致了不同的关注方向——至少在过去的三个世纪中，所有人都意识到了理性辩论对哲学理解的重要性。

但是强调理性和辩论导致了一个不幸的后果。在古代的晚期和20世纪，它有时会导致对其他哲学传统认识的简单化倾向，尤其是对与之截然不同的“东方”传统（作为“他者”）的简单化认识。东方传统不那么重视思辨，却更注重神秘主义和以非理性的方式探索智慧，这有时会使人们觉得：相对于崇尚理性的“西方”传统，东方传统是比较原始的。但是，作为回应，它还引起了另一种观点：东方传统比“西方”传统更深刻，因为这种“西方”传统以那种看起来肤浅的喋喋不休为荣。特别是在20世纪晚期，兴起了对理性及其在“西方”传统中地位的铺天盖地的抨击，而古典哲学通常是攻击（常常是偏颇的攻击）的目标。

这两种倾向都是令人遗憾的，它们带来的只是于事无补而且在很大程度上也有失真实的粗糙对比。在与印度哲学的比较中尤其如此。古代印度哲学传统广博而丰富，除了拥有倾向于神秘主义的学派和各类的唯心论以外，还包括唯物主义、怀疑主义和经验主义。印度哲学传统无论在广度还是深度上都堪与古希腊罗马哲学相媲美。然而西方人和很多印度人（他们往往都不是专家）都只强调其中与西方哲学形成对照的流派。学生们也往往认为包括印度哲学在内的“东方”哲学都是相似的，与“西方”传统迥然不同。我们尚须达成一种完全后殖民式的观点，超越“西方理性主义”和“东方神秘主义”的不实对比，从而认识到部分印度传统和西方人更熟悉的古希腊罗马传统的密切的相通之处。（例如有人认为，皮浪的怀疑主义和北印度佛教中观派具有相似性，后者的创始人龙树有可能与塞克斯都·恩披里柯是同时代人。据说，皮浪早年曾随亚历山大的军队到过北印度，另外，希腊在北印度一直有着持续的影响，由此看来双方甚至有可能在历史上曾互相影响。）

萨莫萨达的鲁西安是公元2世纪的讽刺作家，他是古典哲学传统中人，但他曾以外部人的视角看待古典哲学，我将以他的观点来结束此文。在他的作品《逃跑者》中，菲洛索菲娅提醒她的父亲主神宙斯，她被送到人间的首要目的是为了使至今还生活在无知和粗暴之中的人类能过上好一些的生活。她接着说，首先她去印度找了婆罗门，然后去了埃塞俄比亚、埃及和巴比伦，之后又去了广袤的北方地带色雷斯。最后她去了希腊，考虑到希腊人在智力上的声誉，她本以为和希腊人打交道会比较容易。但是实际情况却比她想象得要糟。在一个良好的开端之后，智者们就把哲学和——啊，诡辩混淆起来。之后雅典人又处死了苏格拉底！菲洛索菲娅喋喋不休地抱怨着之后在希腊陆续经历的不尽人意之处。她说，虽然大多数人不太了解她，但人们对她还是怀着尊重；这里有热爱真理并且献身于真理的天才哲学家，这使她不虚此行。但也有一些只盯着金钱和地位的伪哲学家给她带来耻辱，让她发狂。她需要神的帮助来改善这种状况。

不管怎么说，在古希腊罗马世界中，哲学成为了一门有着独立的实践、著作和规定的学科。相对于当代人来说，哲学在当时对于它的实践者和受众更为紧要。鉴于良善生活的重要性以及哲学在促成这种生活方面的重要作用，它被看作是常规良好教育的一种自然延伸。而我们感受更多的是在两种观点之间的张力：一种观点认为哲学使我们得以认识自身和世界；另一种观点则认为哲学重在缜密，对智力有着相当的要求。在古代世界中哲学所扮演的重要角色已经被各种其他关切和追求所替代。但哲学仍然是至关重要的，在许多方面，我们还是可以把我们的关注与古人的相联系，并且发现我们对他们的研究很自然地会导向直接的哲学活动。菲洛索菲娅的问题仍然是我们的问题；在没有神助的情况下，我们不得不自己去追求真理，去伪存真。

年表

前600 前550 前500 前450 前400 前350 前300 前250 前200

泰勒斯
色诺芬尼
阿那克西曼德
阿那克西米尼
毕达哥拉斯
巴门尼德
埃莱阿的芝诺
赫拉克利特
恩培多克勒
阿那克萨哥拉
苏格拉底
亚里斯提卜
德谟克利特
安提斯泰尼
柏拉图
西诺普的狄奥根尼
（犬儒学派）
亚里士多德
特拉西马库斯
皮浪
伊壁鸠鲁
西提姆的芝诺
克吕西普
阿基米德
阿塞西劳斯
卡尔内亚德

前150 前100 前50 公元1 公元50 公元100 公元150 公元200 公元250

安条克
西塞罗
塞涅卡
爱比克泰德
塞克斯都·恩披里柯
普罗提诺

公元300 公元350 公元400 公元450 公元500 公元550

奥古斯丁

索引

（条目后的数字为原文页码）

A

F

G

H

I

J

K

L

M

N

O

P

Q

R

S

T

Julia Annas

ANCIENT PHILOSOPHY

A Very Short Introduction

Contents

Preface

The prospect of writing a *very* short introduction to ancient philosophy has attracted and intrigued me for some time. I would like to thank Shelley Cox for her encouragement and comments, as well as Christopher Gill, Laura Owen, David Owen, and a reader for Oxford University Press. I would like to thank Cindy Holder for help with the proofs and index. Needless to say, the shortcomings rest with me. I would like to dedicate this book to the memory of my friend Jean Hampton, who I hope would have enjoyed it.

List of Illustrations

Introduction

A very short introduction should have modest aims. It is also, however, an opportunity to give the reader direct ways into the subject, and lead him or her straight off to what is most important about the subject. In this book I have tried to engage the reader with ancient philosophy in the way that matters, as a tradition of discussion and engagement, a conversation which I hope will continue after the reader has finished this book.

Because I have focused on important and revealing features of ancient philosophy, I have not tried to work through a standard chronological account of the tradition. Not only does the *very* short nature of this book make that a bad idea (since the tradition is too rich to cram into a very short account), but there is no shortage of books available that will help the beginner deepen his or her interest in ancient philosophy. The list of Further Reading indicates good places to start; beginners have never been better served with reference books, translations and companions than they are today.

I start by introducing the reader, in Chapter 1 ('Humans and beasts: understanding ourselves') to an issue in ancient philosophy, about understanding the conflict of reason and emotion within ourselves, an issue which is readily understandable and one that a modern reader can engage with before knowing much about the background of the theories involved. I am hoping to get across the centrality to the ancient tradition of argument, and also of practical engagement with issues important to our lives. In the second chapter ('Why do we read Plato's *Republic*?') I focus, by contrast, on factors that distance us from the ancient philosophical writers. One is the literal distance of time and the loss of much evidence. Another is the influence of other factors, which we should be aware of, which make our concern with the ancients a selective and changeable one, so that a text like Plato's *Republic* is read very differently at different times. Both the immediacy and the distance are things we should be aware of. In Chapters 3 and 4 ('The happy life, ancient and modern' and 'Reason, knowledge and scepticism') I show how we can understand and engage with the ancient variety of views on ethics and on knowledge – how we can come to engage with the ancients in a respectful but critical way, both disagreeing with them and learning from them. Chapter 5 ('Logic and reality') takes up the rest of the ancient philosophy syllabus, focusing on one particular metaphysical debate, namely whether there are purposes in nature or not, and if so what they are. Chapter 6 ('When did it all begin? (and what is it anyway?)') raises the issue of what, if anything, unites the ancient philosophical tradition. This is a question better asked at the end than at the beginning of an account of it, since I hope that the reader will agree that the main lines of what I say have emerged from the previous chapters. (And if she disagrees, this will, I hope, be in the spirit of the debates which have been covered.)

However, if you are quite new to the subject you might appreciate a quick chronological sketch of the tradition you are being so briefly introduced to, so one follows. There is also a timeline placing the major figures in ancient philosophy, not all of whom can be adequately dealt with in this book, though many are discussed in the text and the text-boxes.

Ancient philosophy is traditionally held to begin in the sixth century BC, in the Greek cities of coastal Asia Minor. A large number of philosophers are generally grouped as 'Presocratics'; their activities cover the sixth and fifth centuries. Thales, Anaximander and Anaximenes are early cosmologists, giving ambitious accounts of the world as a whole. Pythagoras began a tradition emphasizing mysticism and authority. Heraclitus produced notoriously obscure aphorisms. Xenophanes begins a long concern with knowledge and its grounds.

Parmenides and Zeno became famous for arguments which apparently cannot be refuted but which reach conclusions impossible to accept. These arguments provoke a crisis in philosophical accounts of the world; responses to it can be found in the cosmologies of Anaxagoras, Empedocles and the Atomists Leucippus and Democritus.

In the second half of the fifth century, intellectuals called sophists developed some philosophical skills, particularly in argument, and philosophical interests, particularly in ethical and social thought. The best known are Protagoras, Hippias, Gorgias and Prodicus.

Some of these people are not strictly *Pre*socratics, since their lives overlapped with that of Socrates, but Socrates is generally held to mark a turning-point in ancient philosophy. He wrote nothing, but greatly influenced a number of followers, including Aristippus, a founder of hedonism, the idea that our aim should be pleasure, and Antisthenes, a founder of Cynicism, the idea that our needs should be as minimal as possible. Socrates' emphasis on questioning and argument made him the key symbolic figure of the Philosopher to the ancient world.

Socrates' most famous follower is Plato, the best-known ancient philosopher, who wrote a number of philosophical dialogues famous for their literary skill. Plato founded the first philosophical school, and he and his most famous pupil, Aristotle, dominate the philosophy of the fourth century. Both left extensive works – Plato in finished form, Aristotle in the form of lecture and research notes.

The 'Hellenistic' period (traditionally from 323 BC, the death of Alexander the Great, to the end of the Roman republic at the end of the first century BC) was marked by the emergence of two new philosophical schools, those of Epicurus and the Stoics, and also of philosophical movements which were not institutionalized as schools, such as the Cynics, and Pyrrho, the first sceptic. Plato's school practised a form of scepticism in this period, and several mixed or hybrid schools tried to bring together the insights of different schools of thought.

During the first century BC to the second century AD, the early Roman empire, the existing schools continue, and philosophy flourishes. No new major schools emerge, but there is renewed interest in Pythagoras, and also in studying Plato's ideas positively and systematically.

Late antiquity sees the emergence, in the second to third centuries, of an original new school, that of Plotinus, which revives some of Plato's ideas and is called 'Neoplatonism'. As Christianity becomes the official religion of the Roman empire, which divides into an eastern and a western part, the dominant world-view becomes Platonism, and this is the tradition most influential on Christianity. The first major western Christian thinker, Augustine, is influenced by Platonism, but has already lost touch with the major traditions of ancient philosophical thinking.

Chapter 1
Humans and beasts: understanding ourselves

Medea's revenge

Medea, daughter of the King of Colchis, has betrayed her country and family out of love for the Greek adventurer Jason, who has brought her back to Greece. Now they have fallen on hard times, and to mend his fortunes Jason has left Medea and their two sons and is to marry the daughter of the King of Corinth. He does not understand the depth of her outrage; her sacrifice and devotion mean little to him. Medea realizes that there is only one way to bring home to Jason what he has done, what kind of commitment he has discounted. The only way to hurt him as much as he has hurt her is to kill their sons, depriving him of any descendants and leaving his life empty. But can she do this? They are her children too.

In Euripides' famous play, produced at Athens in the fifth century BC, Medea resolves to kill her sons, then goes back on her resolve when she sees them. Sending them away, she steels herself to do the deed, and speaks words which were to become famous:

> I know that what I am about to do is bad, but anger is master of my plans, which is the source of the greatest troubles for humankind.

She recognizes two things going on in her: her plans and her anger or *thumos*. She also recognizes that her anger is 'master of' the plans she has rationally deliberated on carrying out.

What is going on here? We may think that nothing is going on that a philosopher needs to concern herself with; we simply have something which happens every day, though usually not in such spectacular ways. I think it better for me to do A than B, but am led by anger, or some other emotion, to do B instead.

But how do we understand what is going on? How can I genuinely think that A is the better thing to do, if I end up doing B? How can anger, or any other emotion or feeling, get someone to go against what they have deliberately resolved on doing? Until we have some systematic way of understanding this, we and the way we act are mysterious to ourselves. Many people, of course, do remain this way, with many of the sources of their actions and their patterns of behaviour opaque to themselves. But the society in which Euripides' play was produced and continued to be a classic fostered a kind of thinking, the kind we call philosophical thinking. This kind of reflective, probing thinking regarded Medea's situation as calling for explanation and understanding in terms that they, and we so many years later, can readily recognize as philosophical.

As already indicated, the question of what, if anything, distinguishes ancient philosophy and its methods will emerge by the end of the book; here we will focus on an issue where we can readily understand what ancient philosophers are doing.

The Stoics: the soul as a unity

Are there really two distinct things operating in Medea, her plans and her furious anger? How do they relate to Medea herself, who is so lucidly aware of what is going on? One school of ancient philosophers, the Stoics, developed a distinctive view of Medea as part of their ethics and

Stoicism is a philosophical school named after the Stoa Poikile or Painted Porch, a colonnaded building in Athens where the first heads of the school taught. The school was founded by Zeno of Citium, who arrived in Athens in 313 BC. After Zeno the most influential head of the school was Chrysippus of Soli (*c.*280–208 BC) who wrote extensively on just about every philosophical topic, and produced what became authoritative Stoic positions.

Stoicism often presented itself, particularly at first, in a deliberately harsh light, emphasizing doctrines that are so far from common sense as to be paradoxical. However, Stoicism as a philosophy is holistic – that is, its parts can be developed separately, but ultimately the aim is to understand them all in relation to the other parts. Hence Stoic 'paradoxes' increasingly make sense and acquire conviction as they are appreciated against the background of Stoic arguments and connected ideas. There are thus many ways of teaching Stoicism; where you begin depends on the audience's level of interest and expertise. Epictetus, a later Stoic (AD *c.*50–130), taught in a way that appealed directly to his audience's interest in ethical and social matters, and accounts of his teaching have continued to be used as a vivid introduction to Stoic thought. The universal aspect of Stoicism is illustrated by the fact that Epictetus, a former slave, was influential on the Stoic reflections of the emperor Marcus Aurelius (AD 121–180).

psychology. They think that the idea that there are really two distinct forces or motives at work in Medea is an illusion. What matters in this situation is always *Medea* herself, the person, and it is wrong to think in terms of different parts of her. After all, she is quite clear about how her thoughts are going. First she resolves to do one thing, then to do another – but these are both *her* resolves, decisions that she comes to as a result of giving weight to resentment on the one hand or love on the other.

Medea as a whole veers now in one direction, now in another. How then can she come to a considered judgement as to what to do, and then act on anger which is stronger than this? What happens, the Stoics think, is that, being in an emotional state, she follows the reasons which go with that state: she seeks revenge because that is how angry people think. But there is no real division within Medea's self. She oscillates between different decisions as a whole; there is no inner battle of parts of her. She is like the example Chrysippus used to explain emotion: a runner who is going too fast to stop, and so is out of control *as a whole*. When, therefore, she says that anger is master of her plans, what is meant is that anger is in control of them; she is reasoning, but the way she does it has been taken over by anger and achieves its aims. The angry person does not cease to reason – he doesn't act blindly – but his reasoning is in the service of anger.

The Stoics think that there are no parts or divisions to the human soul, and that it is all rational. (By the soul they mean the item that makes humans live in a characteristically human way.) Emotions are not blind, non-rational forces which can overcome rational resolve; they are themselves a kind of reason which the person determines to act on. 'It is precisely this, gratifying her anger and being revenged on her husband, that she thinks more advantageous than saving her children,' says Epictetus, a later Stoic. Blind fury could not lead to Medea's carefully planned and self-aware revenge.

But, we say, Medea could not help acting as she did; she was overcome by passion, so surely she had no real choice. No, says Epictetus; she thought she had no real alternative, but this was wrong. She could have adjusted to her loss, difficult though this would be. 'Stop wanting your husband, and nothing you want will fail to come about,' he says.

Everything I do, I am responsible for; there is always something else I could have done, some other attitude I could have taken up. To say I am overcome by emotion is to evade the fact that I was the one who acted, who thought at the time that what I was doing was the right thing to do. Epictetus thinks that we should sympathize with Medea, who acted, after all, 'from a great spirit'; we can understand her reasons for revenge even when we see why she would have done better to reject

Plato of Athens (427–347 BC) is the best-known ancient philosopher, largely because he was also a great writer, and produced not philosophical treatises but a number of formally self-contained dialogues, many of which are attractive reading even for non-philosophers. Writing this way is not just for literary effect; the dialogue form formally distances Plato from the views of anyone in the dialogue, and this forces the reader to think for herself what positions are being discussed, and what the upshot is, rather than accepting what is said on Plato's authority.

Plato's ideas are original, bold and wide-ranging. But in the ancient world he was influential for the form of his philosophical activity as much as for the content. There were two major Platonic traditions. Firstly, the sceptical Academy, Plato's own school, for hundreds of years – until it came to an end in the first century BC – took its task to be that of arguing against the views of others without relying on a position of one's own. Secondly, the later Platonists, beginning from the first century BC, were interested in studying Plato's own ideas in a systematic way, and in teaching and furthering them. The relationship of the later, more positive tradition to the earlier, more negative one was varied and often contested.

them. 'She did not know where the power lies to do what we want – that this is not to be got from outside ourselves nor by changing and rearranging things.'

The Stoic view of emotions as a kind of reason is probably unfamiliar, and tends to sound odd when first introduced. I have also plunged into the middle of things by starting with the Stoics, who belong to the period of philosophy after Aristotle, often called 'Hellenistic'. We are likely to be more familiar with the philosophical interpretation of Medea that I shall now turn to. It appears nearer to common sense and it comes from Plato, an earlier and much better-known philosopher.

Plato: the soul has parts

Plato takes the phenomenon of psychological conflict, being torn between two options, to show that the person so torn is not really a unity; he is genuinely torn between the motivational pull of two or more distinct parts of the soul. Plato uses two examples. One is a person who strongly desires to drink, but reasons that he should not do so, probably because this would be bad for his health. He is, then, pulled towards taking the drink, and also, at the same time and in the same respect, pulled away from it. However, the argument goes, the same thing can't be thus affected in opposing ways at the same time, so it must be that it is not the person as a whole who is in this contradictory state, but different parts of him which do the pulling in opposite directions. When I reflect correctly, then, I can see that *I* don't want to drink and want not to drink; rather, part of me, which Plato calls desire, wants to drink, and another part of me, which is reason (my ability to grasp and act on reasons), is motivated to refrain.

Plato thinks that our psychological life is too complex to be accounted for purely in terms of reason and desire. There is a third part, called spirit or anger, and involving most of what we would call the emotions. It can conflict with desire, as Plato argues (in the fourth book of his work the *Republic*) from another case of conflict, where giving in to a pathological desire leads the person to feel angry and ashamed with himself. This emotional part is distinguished from reason, on the grounds that it is found in animals and children that don't reason; although it often endorses reason, it is essentially inarticulate and unable fully to grasp or to originate reasons.

The parts of the soul are not on a par; reason is not just a part but grasps the best interests of all the parts and hence of the person as a whole. Plato tirelessly insists that in the soul reason should rule, since it can understand its own needs and also those of the other parts, whereas the other parts are limited and short-sighted, alive only to their own needs and interests. The real contrast, then, is between reason, articulate guardian of the interests of the whole person, and the other parts, which can't look beyond their own needs. Hence it is not very surprising that, despite Plato's long imaginative descriptions of his three-part soul, the point of the idea was seen as that of contrasting a rational with a non-rational part of me, and so as compatible with a two-part soul.

If Plato is right, then when Medea resolves that it is best to spare her children, but is then led by fury to kill them, there is a real internal division and battle going on in her. Her reason works out what is for the best, but is then overwhelmed by another part of her soul, the furious anger, which is a separate source of motivation and in this case gets her to take what her reason sees to be the worse course.

Clearly Plato will take Medea's crucial lines to be saying that her reason works out what the best course is, but that anger thereupon turns out to be a stronger force, which overwhelms reason. And this might seem to be common sense; we do often have experiences that we are tempted to describe as inner conflict, with reason or passion winning because it is stronger. It seems more common-sensical at first than the Stoic claim that anger and other emotions *are* certain kinds of reason. And yet the Stoics do better than Plato in explaining how the person carried away by fury still can act in a self-aware, complex and planned way. Medea kills her children; horrible though this is, it is a deliberate action. She doesn't run amok. Can the anger that drives her really motivate her in a way that has nothing to do with reason?

There are two distinct ways that Plato's ideas can be developed when we think about inner conflict and the problems we have in understanding what is happening in us. Both of them are found in Plato, who clearly has not seen that he has to choose between them.

What is a 'part' of the soul, like anger or other emotions? So far, we have gone with a fairly intuitive idea; there seem to be two distinct sources of motivation within us. And we can form a fairly clear notion of the nature and function of the part which is reason. After all, we reason all the time, about the way things are or ought to be, and about what to do; and what in each case I am reasoning about is what *I* shall do, not what part of me shall do.

But what about the part of the soul that motivates me separately from reason? Can it be thought of as a purely irrational force? Although the language of passion fighting with and overwhelming reason might suggest this, it is hard to see how deliberate actions can be produced by something that is a completely irrational push. Surely there must be *something* in Medea's anger which is at least responsive to reason?

In many parts of his work Plato assumes that the parts of the soul are all sufficiently rational for them to communicate with and understand one another. They can all agree, in which case the person functions as an integrated whole. While the parts other than reason cannot do what reason can, namely think in terms of the person as a whole, they can still respond to what reason requires, and so understand it in a limited way. Desire, for example, can come to understand that reason forbids its satisfaction in certain circumstances, and so can come to adjust, not putting up a fight. Desire has thus been persuaded and educated by reason, rather than repressed. In terms of the whole person, when I see that some kind of action is wrong, I feel less desire to do it, and find it less difficult to refrain. Plato represents this position as one in which the soul's parts agree and are in harmony and concord. The parts other than reason have sufficient grip on what reason holds to be right that they willingly conform themselves to this, and the result is a harmonious and integrated personality.

This picture implies, though, that reason has a kind of internal hold on the other parts – it asks them, so to speak, to do things in terms that they can understand and agree to. But then won't the parts other than reason have to have a kind of reason of their own, in order to understand and go along with what the reason part demands? And then won't all the parts have to have their own reasons? – which makes it unclear how we are supposed to have found a part of the soul which is *separate* from reason.

Suppose there were some aspect of me which were entirely non-rational and separate from reason: this would indeed look like a different part of me, but with no reason internal to it at all, it is not clear how it can listen to reason, or conform itself to what reason requires in the interests of the whole person. Such a part looks like something sub-human. And indeed we find that in some of Plato's most famous passages about the divided soul he represents the parts of the soul other than reason as non-human animals. In one passage near the end of the *Republic* he says that we all contain a little human trying to control two animals. One part, spirit, is fierce, but stable and manageable – a lion. The other part, desire, is an unpredictable monster, constantly changing shape. Clearly Plato thinks that our emotions and desires are forces within us which are in themselves subhuman, but can be trained and moulded by reason to form part of a human life – indeed, of what he thinks to be the happiest form of human life.

Another passage, in the *Phaedrus*, is even more famous. The human soul is here a chariot, with reason, the charioteer, driving two horses. One horse is biddable and can learn to obey commands, but the other is both deaf and violent, and so can be controlled only by force. In a vivid passage Plato depicts the charioteer struggling to manage sexual desire, represented by the bad horse, only with great effort; that horse threatens to get out of control and has to be yanked back, struggling all the way. It learns to refrain only through fear of punishment.

There is something plausible in this picture as a picture of ourselves; it often does seem that we are motivated by forces within us that are resistant to the reasons that we accept. But if we think systematically of some of the consequences, the picture is considerably more disturbing. If part of me is properly to be represented as an animal, then there is part of me that is essentially less than human, and so not properly part of *me*. It becomes part of me only when subject to control by what really is me – reason. There is a kind of self-alienation at work here; part of me is regarded as being outside the self proper, because it is the kind of thing it is, and as being always potentially disobedient to my real self.

It is hard not to feel that something like this is going on when Galen, a late writer who sees himself as a Platonist, describes Medea:

> She knew that she was performing an impious and terrible deed . . . But then again anger like a disobedient horse which has got the better of the charioteer dragged her by force towards the children . . . and back again reason pulled her . . . And then again anger . . . and then again reason.

On this view Medea's final action is the result of a battle of forces in which the stronger wins, overpowering reason by brute force. This makes it much harder to see how Medea is in fact performing a deliberate action than it is if we accept the Stoic analysis. Epictetus thinks it obvious that Medea is acting in accordance with a deliberate view of what the best thing is for her to do; the problem is that this view is corrupted and malformed by anger. Given her resentment, what she did makes perfect sense; she is not overwhelmed, her reason drowned out.

Moreover, these different ways of looking at yourself make a difference to the attitude you take to other people who act under the influence of anger. Epictetus is sympathetic to Medea. Her view of what she should do was wrong – appallingly wrong – but we can understand it, and even sympathize with it, when we reflect that it is the response of a proud and dignified individual to a betrayal which refused to recognize her worth. We should pity Medea, says Epictetus; he certainly thinks that we can understand her point of view. Galen, by contrast, regarding her as overwhelmed by the animal-like part of the soul, sees her as animal-like, and like 'barbarians and children who are spirited by nature'. Medea is 'an example of barbarians and other uncivilized people, in whom anger is stronger than reason. With Greeks and civilized people, reason is stronger than anger.' (No prizes for guessing that Galen sees himself as a civilized Greek.)

Plato's view, then, is more complex than he realizes. It can lead in either of two very different directions: to seeing parts of myself as subhuman and not truly me, or it can lead to seeing them as junior partners with reason, either squabbling or making agreements. The second view is obviously much nearer to the Stoics.

Problems and theory

Plato and the Stoics see Medea in terms of very different accounts of human psychology and the emotions. So we find that the philosophical attempt to understand what is going on when we act because of emotion against our better judgement leads not to general agreement but to quite radical disagreement and to sharply conflicting conclusions. This is one reason why the example is an excellent introduction to thinking about ancient philosophy; for the tradition of philosophical thinking that developed in Greece and Rome is very often marked by strong disagreement and debate. Philosophical positions tend to be developed in dialogue and confrontation with other positions. Coming after Plato, the Stoics explicitly reject the idea of distinct parts to the soul; and Galen works out his own Platonist view in disagreeing with the Stoic view of the emotions. Philosophy in the ancient world was, with few exceptions, a way of thinking that developed in contested areas of discussion. Philosophers and their followers held, of course, that their own view was the true one, but they did not expect universal agreement; everyone was aware of the existence of rival, often equally prestigious positions.

What, then, does a philosophical explanation or theory do for us? We might think that we are no better off in understanding Medea after learning of the Stoic–Platonic dispute over the right way to interpret what is going on in her.

It is not so easy, however, to resist the search for a philosophical explanation of the phenomenon we are concerned with. I have chosen Medea as an example which was not only discussed in ancient philosophy but has continued to be a subject of lively concern in the modern world. If we look at artistic representations of the subject, or watch a performance either of Euripides' original play or of an updated version, we immediately see that a stand has to be taken on the Stoic–Platonic debate. Is Medea to be represented as overrun by passion which is overwhelming her power to reason what the best thing is for her to do? Or is she to be represented as a woman who is lucidly doing what she sees to be a terrible thing for herself as well as others, because she is not able to let go her ideals of pride and dignity?

Two nineteenth-century pictures of Medea bring out this point acutely. Eugène Delacroix's Medea is what Galen has in mind: a human overwhelmed by irrational feelings to the point of appearing radically non-human. Half-naked for no very obvious reason, her hair wild, her

1. Delacroix's Medea: a hunted animal

2. Sandys's Medea: deliberately choosing evil

vision symbolically shadowed, Medea writhes with her children in a dark cave, hunted like the animal she appears to be. Frederick Sandys's Symbolist picture, on the other hand, presents Medea as quite in control of what she is doing. Surrounded by the instruments of her revenge, which is just beginning, Medea is aware of, and troubled by, choosing the perverse course, but she is presented as reasoning in a controlled and deliberate way. The picture beautifies and aestheticizes revenge in a way distancing it from the Stoics, but it is still far nearer the Stoic than Galen's Platonic view.

There is no neutral way of presenting Euripides' *Medea*; directors and actors have to make fundamental decisions as to how she is to be represented, and they will be influenced by the translation or version used. This is one reason why she has remained a key case for discussion of reason and the passions. It seems, then, that any reflection about a case like this will reveal that we need to pursue philosophical explanation. But philosophical explanation is itself divided! How then can it advance us?

Philosophical explications of what is going on in a puzzling and difficult case may not leave us with a general consensus. (The more puzzling the case, the less likely this is to happen.) But we are driven to reflect philosophically about reason and passion for the reason already mentioned: until we try to understand what is happening, we are opaque to ourselves. If I act in anger, and reflect afterwards that I went against what I hold to be the best course, then I don't know why I acted as I did. If I accept Plato's theory, I will think of myself as internally divided, and my action as the result either of agreement between the parts of myself, or as the outcome of a battle between them (depending on whether I think of the parts other than reason as being themselves receptive to reasoning, or as non-rational, subhuman parts). If I accept the Stoic theory, I will think of myself as oscillating, as a whole, between different courses of action, motivated either by reasons of my overall good or by reasons infected by various emotions. Either way I will understand more about myself and other people.

Philosophical understanding, in the tradition of ancient philosophy, is, as we shall see, systematic, part of a large theory. Plato's idea that the soul has distinct parts is worked out in different contexts in different dialogues. In the *Timaeus*, for example, he argues that the soul's parts are actually located in different parts of the body. In the *Republic* he draws an elaborate analogy between the parts of the individual's soul and the parts of an ideal society. The Stoic theory of the emotions is part of their ethical theory, and also part of the account they give of the role of reason in human life and in the world as a whole.

Most ancient philosophers see their task as being, in general, that of understanding the world, a task which includes understanding ourselves, since we are part of the world. Aristotle is the philosopher who puts the point most memorably: humans, he says, all desire by nature 'to understand'. The Greek word here is often translated as 'to know', but this can be misleading. What is meant is not a piling-up of known facts, but rather the achievement of understanding, something that we do when we master a field or body of knowledge and explain systematically why things are the way they are. We often begin looking for such explanations when we find things problematic, and Aristotle stresses that philosophy begins with wonder and puzzlement, and develops as we find more and more complex answers to and explanations for what were problems for us. We begin by being puzzled by the phenomenon of acting in passion against our better judgement; we understand it better when we have a theory which explains it to us in terms of a more general theory of human action. (Aristotle has his own theory on the topic, one distinctly closer to the Stoics than to Plato.)

What happens when I find that there are conflicting theories on the matter, and that holding one theory involves disagreeing with another? I am advancing further towards understanding, not retreating. For now it is

Aristotle (384–322 BC) Plato's greatest pupil, differs from him radically in method. He is a problem-centred philosopher, beginning from puzzles which arise either in everyday thinking or in the works of previous philosophers. He has a huge range of interests, producing work on a variety of topics, from formal logic (which he invented), to biology, literary theory, politics, ethics, cosmology, rhetoric, political history, metaphysics and much more. He is a systematic thinker, using concepts such as *form* and *matter* in a variety of philosophical contexts. However, his works (we have his lecture and research notes) aspire to system rather than achieving it. Later his work was systematized in often inappropriate ways (see pp. 93–5).

See the picture on p. 96.

clear that I have to put in some work for myself, in examining the different theories and the reasoning behind them – for I have to work out for myself which theory is most likely to be the right one. In the present case, it is clear that the Platonic and Stoic views can't both be right. Which is? Whatever I conclude, I have to be drawn into the theories and their reasonings. If I just feel that one appeals more than the other, but cannot back this up with argument, I have given up on my original drive to understand what is going on, to get beyond feeling puzzled and find some explanation. Ancient philosophy (indeed, philosophy generally) is typically marked by a refusal to leave things opaque and puzzling, to seek to make them clearer and more transparent to reason. Hence reading ancient philosophy tends to engage the reader's reasoning immediately, to set a dialogue of minds going.

Ancient philosophy is sometimes taught as a procession of Great

Figures, whose ideas the student is supposed to take in and admire. Nothing could be further from its spirit. When we open most works of ancient philosophy, we find that an argument is going on – and that we are being challenged to join in.

Chapter 2
Why do we read Plato's *Republic*?

Why do we read Plato's *Republic*? The question can point in more than one way. It could be asking for the point of reading this work – what we get out of it philosophically. Or it could be asking about the historical pressures of various kinds which bring it about that this, rather than some other, is the work we read. I might, for example, read it because it is part of a required course at university. Many people do just that. We do not read works of philosophy in a vacuum, and there are important, though far from completely understood, connections between the context of reading a work and what the reader will get out of it.

The first chapter introduced you to an issue in ancient philosophical debate which was (I hope) accessible without much adjustment. But not all issues in ancient philosophy are so easily available to a modern reader. In this chapter we will pull back the focus and look at some of the factors which separate us from ancient philosophical texts and issues. It is only when we confront these, as well as the factors making some ancient philosophy immediately engaging to us, that we will understand how we can read and argue with texts from such a distant and different culture.

The tradition and how it got to us

Before turning to the *Republic*, we need to think about the whole tradition of ancient philosophy, how it has come down to us, some of the changes that have occurred in our reception of it, and the way in which such changes can, for example, shape our reading of Plato and of a work like the *Republic*.

Ancient philosophy is, to begin with, a very large and rich tradition. It begins in the sixth century BC, and ends in the West with the end of the Western Roman Empire and in the East with the fall of the Byzantine Empire. It arose and developed in Greek city-states, especially Athens, but continued to flourish as the Romans dominated the Mediterranean and beyond, and formed an important part of culture in most of the Roman empire, merging into Christian culture with varied success. It forms a huge and extremely diverse body of texts. It contains a number of very different kinds of philosophical movements, from those that prize mystical insight and dogma to those that favour rigorous argument; a number of different and opposed schools, such as Stoics and Epicureans; and a range of wildly different philosophical positions, including materialism, dualism, scepticism and relativism. More will be said about these differences in Chapter 6; here I shall focus on factors in our reception of this tradition which make a difference to the way that ancient philosophy is seen as forming a tradition or canon, and to the way in which certain philosophers are seen as important.

Firstly, the issue of which parts of a tradition are seen as important only arises when we have the tradition. Much of ancient philosophy was lost to Western Europe in the period of the break-up of the Western Roman Empire, for a variety of reasons to do with cultural changes and the breakdown of political stability. Apart from Plato's dialogue *Timaeus*, for many hundreds of years the only ancient philosophical works which were known in depth were those of Aristotle, who dominated medieval philosophy. The period of the Renaissance saw the rediscovery, from a variety of sources, of a much wider range of ancient philosophers. But with the chances and fortunes of history, many ancient authors' original works have been lost, leaving us with only second-hand accounts of their theories and fragments of their own words. This is the fate of all the 'Presocratic' philosophers and of many philosophers after Aristotle, in the so-called Hellenistic period. Discoveries continue to be made of ancient philosophical works, mainly on papyrus rolls discovered in the dry sands of Egypt – and one collection of Epicurean works preserved in charred form at the eruption of Vesuvius. But big gaps remain, and for some individuals and schools of philosophy we remain dependent on often inadequate later accounts.

> In AD 79 the eruption of the volcano Vesuvius covered in molten lava many aristocrats' country houses at Herculaneum, near Naples. This included one, which has been excavated since the eighteenth century, which turned out to contain a large library of books devoted to the works of the philosopher Epicurus and to later followers' discussions of his ideas. They lift the curtain on a hitherto unknown community of philosophical debate among Epicureans and with other schools. The books are rolls of papyrus (ancient paper), the charred fragments of which have been carefully studied by scholars.
>
> Much of our evidence for ancient philosophy has a similarly accidental quality, and has come down to us in fragments.

Differences of approach

This situation opens up differences of approach. With authors whose work has to be studied in fragments and through later sources whose own approach has to be taken into account, historical and interpretative questions have to be faced before we can confidently assume that we actually have the philosophical position in question right. Wading right in with philosophical questions risks prematurely finding a position which turns out to reflect only our own philosophical concerns. It is more straightforward to approach authors whose own work we have as

3. A papyrus fragment of a work on anger by the Epicurean Philodemus

partners in a philosophical dialogue. It is not very surprising, then, that the authors whose philosophy is most prominently taught in philosophy departments are Plato and Aristotle, from whom we have complete works, rather than authors like Epicurus of whose original words we have only a small fraction.

This contrast can be overstated, however. Plato is the only author for whom we can feel certain that we possess all the works he made public. None of Aristotle's published works survive entire; what we have are his (very copious) research and teaching notes, which raise interpretative problems of their own. But even Plato is not a straightforward author to read; for one thing, the dialogue form distances the author from the ideas he puts forward, and interpretations of Plato are probably the most varied of any ancient philosopher. So it is just as possible to get Plato or Aristotle wrong by prematurely taking them to be engaged with our philosophical issues as it is with the Presocratics. And in any case authors and schools whose original work we have only in part can pose philosophical issues that engage us directly, despite the additional historical and interpretative work we have to do. The last twenty years has seen a huge shift in interest in research, publication and teaching in ancient philosophy, away from an almost exclusive focus on Plato and Aristotle to a concern with Hellenistic (post-Aristotelian) philosophers.

Changing interests

Why do we focus on one part of the many-faceted tradition of ancient philosophy rather than another? Apart from the vagaries of transmission, and the question of whether historical or philosophical interest is the driving one, there remains an ineliminable factor of philosophical interest, and this changes from period to period. Researchers and teachers are now interested in a wider range of issues and philosophers than they were twenty years ago, when Plato and Aristotle were more dominant; and similar shifts and changes have occurred many times in the past. Since there is no one single neutral way to take in, never mind discuss, the huge ancient tradition in full, this selectivity is not surprising. Nor should it surprise us that if we are introduced to one way of engaging with ancient philosophy, this should seem natural and inevitable, and that its limitations should become invisible, especially as it gets passed down from teacher to pupil and solidifies in books and journal articles.

We can, at least sometimes, trace an intellectual context to the way in which different parts of the ancient philosophical tradition are found interesting at different times. Some works of ancient philosophy seem dormant, as it were, at some times. They do not raise issues that people already find gripping, or ask questions to which people have competing answers. Then at other times they do do these things. Which parts of the ancient tradition that we engage with depend, at least to some extent, on our own philosophical interests. (How these, and changes in these, should be explained is another matter.) As we shall see, this is not a one-way street. Engaging with texts in ancient philosophy can help us to clarify and further our own thinking on some issues. (More on this in Chapter 3.) Because of their prominence in the teaching and development of Western philosophical thinking since the eighteenth century, some works of ancient philosophy form not just literally the ancient history of the subject, but part of the modern tradition too.

The changing fortunes of Plato's *Republic*

Plato's *Republic* is a dramatic example of the way a work of ancient philosophy can become, or cease to be, interesting to think about in contemporary philosophical terms. It is probably the most dramatic example.

For most of the twentieth century, and some of the nineteenth, the *Republic* has been far and away the best-known work of ancient philosophy. It is probably the only work in ancient philosophy that a large number of people have read. In universities, colleges and schools in many countries it figures in courses in ancient philosophy, in introductory philosophy, in 'Western Civilization', in political philosophy and in humanities. If you have to touch on ancient philosophy, or Plato, in any of these courses, the *Republic* is seen as the obvious work to choose. In modern readings of Plato the *Republic* is the centrepiece and high point of Plato's thought, the work which best presents the most important aspects of Plato's thought.

Plato's *Republic*

In the *Republic*, Plato tries to show that what makes a human life happy is to be found in being a good, virtuous person – something that the person has to achieve for herself, while wealth, status and other things commonly valued are irrelevant to happiness. This challenging thesis is defended by a claim that virtue consists in the proper ordering and structure of the person's soul, one in which reason rules (see Chapter 1). A properly ordered and so virtuous soul, compared to a properly ordered and so healthy body, brings the person a happy life, while unhappiness results from the breakdown of the soul's order. The framework of the book consists in Plato's developing and defending this idea that, contrary to popular belief, happiness is to be found in virtue, the right ordering of the soul, even in the worst possible conditions of poverty and torture.

As a model for the structure of the soul, Plato sketches the structure of an ideal society, with different kinds of people ordered in mutually beneficial ways, ruled by 'Guardians' who are devoted to the common good in the way that reason is devoted to the good of the whole person. Plato develops this devotion to the common good to extremes: Guardians will have no family life or private property, and much of their life will be devoted to training in the abstract metaphysical theory of 'Forms' (on this see below pp. 83–4). Strikingly, women as well as men will be Guardians – or, as they are sometimes called in view of their exacting philosophical education, 'philosopher-kings' (and philosopher-queens, of course).

This imaginative picture of an ideal society is developed further in narrative form in Plato's story of Atlantis, found in his *Timaeus* and unfinished *Critias*. The ideal society, projected back into history, is ranged against the exotic, romantic but corrupt society of Atlantis, an island in the middle of the Atlantic Ocean and later sunk there. This story, which Plato never finished, is probably his most influential contribution to literature outside the philosophical tradition.

There is another important point: the *Republic* is predominantly read in the light of its brief account of an ideal society. Plato there sketches an ideally just society, in which there would be complete division of labour between wealth on the one hand and political power on the other. The rulers would be 'Guardians', who would devote their lives to the public good and running the state. Those engaged in what we call economic activity would be excluded from political rule, on the grounds that their way of life narrows them to consider only their own self-interest and makes them unfit to take part in the public arena where what is at stake is the common good. The Guardian class, by contrast, is educated and trained to care primarily for the common good and to sacrifice their own interests to this.

It is often assumed that this ideal political construction is the organizing idea of the book; indeed often the book is introduced as though it were Plato's chief response to what he thought were political questions of the time. The *Republic* contains a number of themes. However, commonly what is seen as holding all these together is Plato's political vision, the idea that only in an ideal state, ruled in the interests of all, can people be virtuous and so happy. Sometimes this ideal of rule by the wise is seen as a reaction to the Athenian culture of democracy in which Plato grew up, and against which he reacted in what is assumed to be an élitist and reactionary spirit. So deeply ingrained is this way of reading the work that, at least in American libraries, the *Republic* and works about it are shelved in the political science section, rather than the history of philosophy section. The very way we have access to the book suggests the way we should read it. And it is often taken for granted that the book should be taught as a contribution to political thought, with its other aspects as extras.

But should we read the work this way? How else might it be read?

In the ancient world the *Republic* was read as one of Plato's dialogues, but by no means as the most important or as central for his thought. When philosophers began to study Plato's thought systematically, the dialogue they privileged was the *Timaeus*, a poetically written cosmology. What the *Republic* was mainly famous for was the idea that ideal rulers would have no private family life, but 'women and children would be in common', which was notorious, but was seen as eccentric rather than profound. Plato's political ideas in the work, while criticized by Aristotle, did not enter the mainstream of ancient political thought, although political ideas in other dialogues, the *Statesman* and *Laws*, did.

In the streams of medieval transmission of Plato's works the *Republic* was studied in the Islamic tradition, in which it was seen as suggestive of the idea of unified spiritual and secular power in ideal religious leaders. This idea did not develop in the Christian West; a tendency to think in terms of separation of church and state was aided by ignorance of the work until quite late. The work came into prominence at the Renaissance, and Italian thinkers who saw themselves as Platonists thought of it as an ideal Utopian fantasy. Throughout the seventeenth and eighteenth centuries Plato fell into philosophical neglect, and the *Republic* was regarded as a mere oddity, if it was regarded at all. (See box, pp. 83–4).

Then, in the nineteenth century, Plato had a dramatic change of fortune, rising to the pre-eminence in study of ancient philosophy which he has kept ever since. The story of the rise of Plato in England is especially interesting, since there were three phases, each in response to a different philosophical approach.

The first English translation of the whole of Plato's works was made in 1804 by Thomas Taylor. Taylor was a self-educated man for whom Plato was a labour of love in a difficult life, so it is painful to have to say that the translations are awful. Taylor saw Plato's ideas in the framework of Neoplatonism, a later mystical elaboration of some of Plato's metaphysical ideas, and the result appealed to Romantic writers, but had influence on Wordsworth's poems rather than on philosophers.

The first concerted attempt to see Plato as a philosopher to whom argument matters was produced by the philosophers of the early nineteenth century that we call Utilitarians. This is quite surprising, since Utilitarian ideas about ethics and metaphysics are almost totally opposed to Plato's. Nevertheless, it was the circle of John Stuart Mill which revived the idea of Plato as a philosopher for whom arguments are what matter. The Utilitarian philosopher George Grote's *Plato* (1865), the first account based on solid scholarship, discussed every dialogue separately with its own theme and purpose, presenting Plato as engaged in an open-ended philosophical search, sometimes dogmatic and sometimes arguing against others without coming to a conclusion himself. Grote disagrees with Plato's ideas, but sympathetically presents him as following different arguments and directions. In this picture of Plato as essentially an argumentative searcher for truth the *Republic* appears as just one dialogue among many, containing some political ideas which are not seen as its centrepiece.

The Plato that won out, however, was a third Plato, the Plato of the Idealist philosopher Benjamin Jowett. Jowett translated all Plato's works (published in 1871) in a readable way that for the first time made Plato accessible to the general public. (We take translations for granted, but the *Republic* has been translated into languages such as Korean and Icelandic only in the last few years; when readers need to read Greek or to go through another language, Plato is accessible only to an educated élite.) Jowett saw Plato as a systematic thinker who points towards Idealism, and for him the *Republic* is central for the way in which he sees Plato bringing ethics and metaphysics together with politics. Moreover, he saw the political ideal as central, and in this he was followed by nearly everyone who has read the work since.

Why would Plato's ideal state seem like a serious contribution to political thought (as opposed to a Utopian fantasy)? By the middle of the nineteenth century political thinking was concerned with issues to which the *Republic* seemed relevant. Democracy and universal voting, long scorned as undisciplined mob-rule, had come to be a real political option, and the democratic city-states of ancient Greece came to replace the ancient Roman republic as a model in terms of which English and American politicians and political thinkers thought about their own states. Histories of ancient Greece began to present ancient democracy in a positive light for the first time. If the *Republic* could be seen as Plato's response to democracy then there were a number of contributions, negative and positive, that it could make to nineteenth-century political debate. And it was so seen.

Jowett made the *Republic* central to classical studies (a place it has retained ever since) and this idea of it as a serious, challenging and idealistic political text has spread all over the academic world. The nineteenth-century male élite who read the *Republic* at university were supposed to be inspired by it to adopt an ideal of selfless devotion to the public good, an ideal which was to serve as an antidote to economic ambition, which was seen as selfish. The idea of Guardians was seen as meritocratic: political rule should be earned by education and hard work, not inherited as an aristocratic privilege. Plato's idea of women Guardians was useful as the expression of an ideal, reflection on which would enable men to absorb the idea of women as political equals in society, entitled to the vote and to education. (Here we find Victorian anxiety about sex entering: Jowett goes to great lengths to separate female Guardians from Plato's ideas about 'women and children in common'.) Plato's insistence on a common system of public education for citizens was seen as an inspiration for the growing movement to democratize and spread education, and to see it as the state's task to provide it. Plato's complaints about democracy and his view that governing requires specialized knowledge were taken up in the ongoing debates about modern representative democracy and extensions of voting rights. The *Republic* provided materials for thinking about contemporary issues, and nineteenth-century concerns lit up Plato's ideal state as the controlling idea of the book.

Jowett's interpretation of the *Republic* has had an astonishingly long life. In English-speaking countries, it has long outlived the vogue for Idealist philosophy, and the political debates, that produced it. Even today it is often assumed that the obvious way to read the book is as an idealist political statement, in which questions of metaphysics and ethics are developed within the framework of the ideal state. Scholars have differed on how 'practical' the ideas are meant to be: some have seen them as merely an ideal to inspire, others as a blueprint to put directly into practice. And during the twentieth century the general reaction to the work has changed around completely from respectful to hostile. The political battles of the Victorian era being over, the *Republic* has been brought into relation with darker, more modern ideas. From the 1930s, the Guardians have been seen as a totalitarian, sometimes fascist idea, and Plato's insistence on common public education and culture has been claimed to be propaganda and brainwashing.

Is the *Republic* a political blueprint?

'Is not the Republic the vehicle of three or four great truths which, to Plato's own mind, are most naturally represented in the form of the State? . . . Through the Greek State Plato reveals to us his own thoughts about divine perfection, which is the idea of good – like the sun in the visible world; – about human perfection, which is justice – about education beginning in youth and continuing in later years – about poets and sophists and tyrants who are the false teachers and evil rulers of mankind – about "the world" which is the embodiment of them – about a kingdom which exists nowhere upon earth but is laid up in heaven to be the pattern and rule of human life . . . We have no need therefore to discuss whether a State such as Plato has conceived is practicable or not . . . For the practicability of his ideas has nothing to do with their truth.'

Benjamin Jowett, Introduction to his translation of the *Republic*

'The philosopher-king is Plato himself, and the *Republic* is Plato's own claim for kingly power.'

Karl Popper, *The Open Society and its Enemies*, vol 1.

Nowadays, although the wilder and sillier accusations of fascism have been discredited, few teachers put forward the *Republic* as containing positive ideas to emulate and inspire. It is far more often put forward as an objectionable, élitist and exclusionary set of political ideas which students who are brought up to be tolerant and inclusive can easily criticize without exerting themselves. Still, the underlying assumption remains unchanged, that the main thing the book is doing is putting forward an account of an ideal political community whose structure and organization provide an answer to genuine questions of political debate.

The political ideal of the *Republic*

'Plato is not an idealist, and the organic theory of society, as well as political totalitarianism, are altogether foreign to his thought. The human community, as he conceives it, is neither a mere juxtaposition of atomic individuals nor a superorganism living its own life apart from the individual members. It is rather a group of individuals unified by a shared purpose capable of eliciting co-operative acts.'

John Wild, *Plato's Modern Enemies and the Theory of Natural Law*

'I believe that Plato's political programme, far from being morally superior to totalitarianism, is fundamentally identical with it.'

Karl Popper, *The Open Society and its Enemies*, vol 1.

It has been so useful in this role, and productive of so much philosophical engagement, that it is easy to overlook the point that the interpretation of the *Republic* as centrally political theory is a Victorian one, and that we no longer share the Victorians' reasons for finding the work an evocative political model. We can see this by reflecting on the wide variety of mutually conflicting interpretations of the book that have been produced since the nineteenth century. The political interpretation has carried on, now partly because, as a work of political philosophy, the work is easy to criticize. Hence it has been treated as a teaching tool, providing an easy target for effortless demolition. But now that evaluations of the work have run the gamut, increasingly many scholars are looking at the foundations of the interpretation itself.

Questioning the context and arguing with the text

Is the *Republic* a political work? This is too complex a question for a quick answer, but, now that you have seen that the political interpretation has a very recent particular source, you may well want to ask yourself how (if you have read the book) you were encouraged to read it, and why. You may want to go back to the text and ask for yourself whether the way you were encouraged to read it was the best way.

One very obvious point about the *Republic* is that the description of the ideal state takes up only a small part of the work. It is far too brief and sketchy to be a 'blueprint' for political action, and it does not give the work its framework. The main argument of the book is posed at the beginning of the second book and answered at the end of the ninth, and it consists of Plato's attempt to answer the question, 'Why should I be moral?' Morality, it seems, benefits others rather than myself; would it not be better for me to live a kind of life in which I pursue my own ends in a way which ignores or exploits others? Plato thinks that a life in which morality is supreme can be rationally defended as the best life for an individual, even in the worst possible circumstances of the actual world. To make out his case, he introduces the ideal state as a parallel for the structure of the moral person's soul; as he says at the end of the argument, the ideal state shows us the abstract structure which the moral person takes as an ideal to internalize in his aspiration to live a good life. But the ideal state is not the idea which structures the *Republic*, and the questions Plato asks about the actual world cannot be answered by reference to an ideal state without breaking the back of the work's argument.

This is obviously only the beginning of an account of the work's overall plan. You may want to ask yourself just what work the ideal state does in illuminating the structure of the individual's soul. How serious are the political ideas, by comparison with those in Plato's political discussions in the dialogues *Statesman* and *Laws*? Most radically, you may want to ask whether introducing an ideal state into an argument about individual morality was one of Plato's better ideas. It has certainly been one of his more suggestive ones.

Why has the *Republic* been seen so often since the mid-nineteenth century as primarily a work of political theory? It is obvious that to some extent the Victorians, and subsequent generations, have used the *Republic* to develop their own ideas, and have read into the work what was necessary to do this. Plato's Guardians have been seen as meritocratic officials by Victorians worried about creating a more just society. They have been seen as fascist Big Brothers by twentieth-century thinkers worried about totalitarian states. But if the *Republic* can be used to come to such opposed conclusions, can we find a single political philosophy in it at all?

This can be a depressing thought. It can encourage the reflection that there is no real basis for an objective interpretation and assessment of the book, that each generation, or perhaps each reader, invents their own *Republic*, or at least the political philosophy in it. Outside academic post-modern circles, this is seen as a pessimistic conclusion to draw. The book certainly seems to be saying something which different readers with diverse concerns can argue about. It presents itself as a work of philosophy, encouraging us to make use of rational arguments and discussion as a way of arriving at the truth.

We can see the wild divergence of interpretations of the *Republic* not as a reason for lapsing into relativism about interpreting it, but as a sign of the richness and depth of the work. Even if, from Jowett onwards, the political content of the work has been grossly inflated, the result has been a lively and creative engagement with the text, at the end of which we can look back and see how much or little there is to the development of various lines of thought in the text. We can admire the way that the *Republic* has entered into, and been used to further, many nineteenth- and twentieth-century political discussions. It is the best example of the way in which engaging with a work of ancient philosophy can be a two-way street; bringing it into a discussion can enrich that discussion, while also encouraging us to see the work in the light of that discussion.

It is easy to see the changing fortunes of the *Republic* as a cautionary tale: what happens when a work of ancient philosophy is used as something 'good to think with' in a way that cuts it from its moorings, namely Plato's work as a whole, and the way it was received and studied until recently. But we can also more open-mindedly draw the lesson that we should be aware of at least three things when we study a work of ancient philosophy. One is our interest in seeing and engaging with the work in its own intellectual context. Secondly, our own assumptions as to what is philosophically salient and interesting, what we are likely to find intellectually rewarding. And thirdly, the potential of the work we study to engender creative philosophical thinking on our part. These factors may be of different strengths and come into play in different ways. One thing we can certainly learn from the history of reading the *Republic* is that lack of awareness of these factors can lead to fruitless wrangling over which of various mutually contradictory interpretations is the correct one.

If we think of the results of Chapter 1, we can see that sometimes an issue in ancient philosophy is part of an argument that we can immediately relate to. But we can now also see that there are potential dangers in this attitude. We should also be on the lookout for ways in which our own changing philosophical interests play a role in establishing what we find philosophically interesting in the ancient tradition. The *Republic* is the most extreme example of how a work can be moved from marginal to central, and from being an ethical work to being a political one, under the pressure of changed interests in the audience. The moral is not that we should think that our own interpretations of the *Republic* are nothing but reflections of our own prejudices. Rather, we should be aware of our own philosophical interests and the role they play, in order to lessen the extent to which they influence us unconsciously. While some parts of ancient philosophy seem extremely alien to our interests, others are too familiar. Sometimes we need to distance them from present concerns and ask about our traditions of interpreting them.

Engaging with ancient philosophical thinking may in Chapter 1 have sounded easy; now it may sound more difficult. With many texts, particularly the most famous ones, like Plato's *Republic*, the right approach is surely to think of them both as available to read and argue with, and as being in their own right the subject of a long tradition of engagement that we stand at the end of. It is, after all, what we would expect. When we begin to read ancient philosophers we feel like the first discoverers, but we soon find out that we are separated from them not merely by two thousand years but by many traditions of reading and writing about them. In recognizing the factors that separate us from the ancients, and that make the 'canon' of texts that we engage with so changeable, we bring philosophical discussion with them closer, rather than further away.

Chapter 3
The happy life, ancient and modern

You need to choose

A familiar story to anyone who had studied philosophy in the ancient world is Prodicus' Choice of Heracles. Prodicus was a so-called 'sophist' or professional intellectual of the fifth century BC. We have the story from a later writer, Xenophon, who recounted conversations of the philosopher Socrates.

Socrates is talking to a friend, Aristippus, who believes in going for what you want when you want it and not deferring your gratifications. Socrates objects that as a policy this may be dangerous; if you are unable to control your desires you may end up at the mercy of people who can, and who use their superior self-mastery to compete with you successfully and to gain control over your life. Aristippus doubts this. He can, he says, lead a life which is devoted to self-gratification and yet manage to avoid being dominated by others; and this is the way to happiness.

Socrates disagrees. It isn't, he thinks, just a matter of evading what others can do to you. It's a matter of how you regard your own life. To make the point he tells Prodicus' story of how the demi-god Heracles, at the start of adult life, came to a crossroads. Two women came along, each urging him to take one of the opposing ways. One was self-

The sophists

'Sophists' is the term used for a number of intellectuals in the fifth century BC who, while they did not form a unified intellectual tradition, represented a new departure. They travelled around various cities, teaching for money a variety of intellectual skills, the most saleable being skills in rhetoric and argument which would give the learner an advantage in public life. Although only some of their concerns fit into the philosophical tradition, they have remained on its edge because Plato immortalized them in many of his dialogues as pompous incompetent fools, a foil to his own hero Socrates. Plato's depiction is gleefully unfair, but we lack enough independent evidence to counter it in any detail.

The most famous sophists were Hippias of Elis, Prodicus of Cos, Thrasymachus of Chalcedon and Protagoras of Abdera. Hippias was famous for the large number of his accomplishments and Prodicus for his study of language. Thrasymachus is portrayed in the *Republic* as holding an account of justice which aggressively reduces it to the interest of the stronger. Protagoras is the only one who held an important philosophical thesis, namely relativism, the view that for a belief to be true is just for it to appear true to the person who holds it. Plato refutes this view in his dialogue *Theaetetus* (see p. 73 below).

Plato despises the sophists for many reasons. He rejects their views, particularly relativism, and he thinks that teaching intellectual skills for money debases these by turning them into commodities, valued for what they do for you rather than respected for their own sake. He also thinks that, just because they do not take it seriously, the sophists are in fact incompetent at philosophical argument. In his presentation of them, of course, they certainly are.

consciously fashionable, bold and made-up; she ran ahead of him and urged him to take the easy road of satisfying desires and going through life doing what he wanted, deliberating only as to how to do so with least effort. My friends, she said, call me Happiness, though my enemies call me Vice (or Pleasure). The other woman, solemn and modest in manner, appealed by her words rather than her appearance, and urged him to follow her, Virtue, even though her way was one of effort and frequent frustration rather than easy success. What I offer, she said, is worth while but requires work and self-denial; vice and pleasure offer an easy road to happiness, but the initial appeal fades and leaves you with nothing worth having, whereas virtue is the way to achievement and respect, which forms real happiness.

The Choice of Heracles forms a frequent subject in western art. The version illustrated here, by Paolo de Matteis, was commissioned in 1712 by the philosopher Anthony Ashley Cooper, third earl of Shaftesbury, to provide an illustration for his own book on virtue. It and many similar depictions reinforce something that makes a modern reader uncomfortable: moral choice is depicted as two females competing for a man. Moreover, even though one point is that what matters is reality, not appearance, this point is itself expressed in terms of one female being, on due consideration, more attractive than the other.

But apart from this, we may feel puzzled as to why this story, which seems to us over-obvious, should be famous. Clearly, we may think, if you are asked to choose between virtue and vice, you should choose virtue, but that's the easy part; the hard part is working out what virtue is, and depicting it as a modest maiden rather than a shameless floozy not only is a sexist way of presenting it, but doesn't help us much. If we think this, it is probably because much twentieth-century ethical thinking has made the ancient ethical framework unfamiliar. But this is a comparatively recent development, and one now rapidly being reversed, as virtue becomes more familiar in both philosophical and

4. Heracles deciding between austere Virtue and tempting Pleasure

political discourse. We are now, it turns out, in quite a good position to appreciate the claims of Virtue on Heracles.

Virtue and Vice are offering Heracles differing roads to happiness. Prodicus was one of the first philosophers to make explicit something important; we are all, in our lives, aiming at happiness. We find the thought also in the slightly later philosophers Democritus and Plato; the latter stresses that it would be ludicrous to deny that happiness is our overall goal in life, the destination on everyone's road.

But Prodicus also made a mark by emphasizing something else. When you are starting out on adult life, aiming at happiness, and doing so consciously, you will be faced with a *choice*. You can't have it all; you can't go through life gratifying your desires and still hope to achieve anything worthwhile or to live a life that you or others can respect. Recognizing explicitly that your aim in life is happiness brings with it the realization that you have to reflect on and order your life in one way rather than another. Life presents you with the alternatives; you have to make the decisions. Centuries later Cicero, aware of much sophisticated discussion, still thought that the story said something profound about everybody's life and their attitude to it.

Happiness and Pleasure

In the different tellings of the story the shameless floozy is indifferently Vice or Pleasure. In our traditions of moral philosophy it may seem strange that pleasure is the bad, rejected way of getting happiness. John Stuart Mill, a major founder of the Utilitarian tradition, actually defined happiness as pleasure and the absence of pain, but even if we do not see happiness as actually constituted by pleasure it still seems somewhat odd to see happiness as achieved by virtue *as opposed to* pleasure. Here we can see that ancient ethical thought gives a different conceptual role to happiness.

Happiness in ancient ethical thought is not a matter of feeling good or being pleased; it is not a feeling or emotion at all. It is your life as a whole which is said to be happy or not, and so discussions of happiness are discussions of the happy life. It is our bad luck that for us what is happy are not just lives, but also moments and fleeting experiences; modern discussions of happiness tend to get confused very rapidly because such different things are being considered. In ancient ethics happiness enters ethical discussion by a very different route from the 'feel-good' one.

Sometimes you step back from your routines of daily life and think about your life as a whole. You may be forced to do this by a crisis, or it might be that passing a stage in your life, such as becoming an adult rather than an adolescent – as in the Heracles story – makes you think about what you are doing in your life overall, what your values are and what matters most to you. For the ancients this is the beginning of ethical thinking, the entry-point for ethical reflection. Once you become self-aware, you have to face choices, and deal with the fact that certain values, and courses of action, exclude others. You have to ask how all your concerns fit together, or fail to fit. What you are looking for, all ancient thinkers assume, is how to make sense of your life as a whole, by bringing your concerns under the heading of your final aim or goal, your *telos*. For someone who fails to unify her concerns in any overall way is radically in denial about the way all her projects are hers, fit together in *her* life.

What can you say about the way your life is tending, the values you are expressing in your life? At first, probably not much. It is only after thinking through some ethical theories that you will have much of an explicit idea as to what values are unifying your life. But there is one thing that you can say, even before venturing on to theory: as philosophers from Prodicus on agree, and as is most famously set forth by Aristotle, everyone agrees that their final end is happiness, and that what people seek in everything they do is to live a happy life. (Hence ancient ethical theories are called eudaimonist, from *eudaimonia*, the Greek for happiness.)

Why is this supposed to be so obvious? It would not be obvious at all if happiness were introduced via the notion of pleasure or feeling good. But happiness answers to *formal* properties that our final end has. That is, the happy life has to meet certain demands before we can even start asking what its content is; any candidate for being the content – virtue, pleasure or whatever – has to meet these demands. The overall end which unifies all your concerns has to be *complete*: everything you do or go for is sought for the sake of it, while it is not sought for the sake of anything further. It also has to be *self-sufficient*: it does not leave out any element in your life that has value as part of living well. These are common-sense points, though they have powerful implications. And on the level of common sense or intuition, happiness is the only aim, plausible as an aim in your life as a whole, which is complete and self-sufficient. We do other things in order to be happy, but it makes no sense to be happy for some further reason. And once we are living happily we lack nothing further to be living well. These points are obvious with the ancient conception of happiness. But, as Aristotle immediately points out, they do not settle very much, for great disagreement remains as to how happiness should be specified, and the different schools of thought about ethics take off from here.

One point is clear right from the start, however. Happiness is having a happy life – it applies to your life overall. Pleasure, however, is more naturally taken to be something episodic, something you can feel now and not later. It is something you experience as you perform the activities which make up your life. You can be enjoying a meal, a conversation, even life one moment and not the next; but you cannot, in the ancient way of thinking, be happy one moment and not the next, since happiness applies to your life as a whole.

Hence we can see why Pleasure's role in Prodicus' story is to provide an obviously faulty road to happiness. Pleasure fixes us on the here and now, the present desire which asks to be satisfied; and this gets in the way of the self-control and rational overall reflection which is required by a life devoted to things that are worth while. Pleasure is short-term, while happiness is long-term. So, in complete opposition to the modern way of looking at the matter, it looks as though pleasure is not even in the running to be a candidate for happiness. How could your life as a whole be focused on a short-term reward like pleasure? Someone who does this is making a big mistake, giving in to the present satisfaction at the cost of a proper concern for the rest of his life.

In fact hedonism, the view that pleasure is our ethical end, is always on the defensive in ancient ethics. Opponents like to make it appear as though this is because there is something inherently unworthy about humans going for pleasure, but this is edifying rhetoric. The problem is rather that pleasure is defective as an aim that could structure a person's entire life. We can see this in the two major hedonist theories.

Aristippus founded a school called Cyrenaics after their home at Cyrene in North Africa. It was not a very unified school, but they all held that our final end – namely what we seek in everything we do – is pleasure, and by pleasure they uncompromisingly meant what we experience when we enjoy or feel good about some experience. Pleasure is a movement, not a settled state (and so is pain). Pleasures do not differ from one another, and one pleasure is not more pleasant than another; that is, pleasure is taken to be a single kind of experience which is always the same whatever the circumstances which produce it. We have access to pleasure only by our direct experience of it, and we have knowledge only of our experiences, not of the objects which produce them. Hence past pleasures, which have vanished, and future pleasures, which are still to come, cannot be compared with the present pleasure which we experience, and the Cyrenaics sometimes speak as though only the present exists; certainly the present is all that matters, and our lives should be so shaped as to get present pleasure.

Kinds of hedonism

Aristippus of Cyrene in North Africa (*c*.435–355BC) went to Athens and was an associate of Socrates. Evidence about his life is unreliable, consisting mainly of anecdotes showing him living a colourful life devoted to gratification, with no care for his dignity or for other people. However, he cared enough about his daughter, Arete, to teach her his ideas, and she passed them on to her son, Aristippus the Younger, who may be the source of the systematic philosophy attributed to the school of Cyrene.

Epicurus of Athens (341–270 BC) developed his own version of hedonism in a way that he represented as self-taught, although he did have some philosophical education. Around 307 he set up a philosophical school in Athens. Unlike the schools of Plato, Aristotle and the Stoics, it was not one which met in a public place and in which teaching prominently included argument and debate. Epicurus' school was called the Garden after its home, and his teaching put a premium on learning and memorizing the words of Epicurus and other founding members. Discussion took place orally and in writing throughout the school's history, but Epicureans regarded Epicurus as a saviour from unhappiness and a shining light in a way that philosophers from other schools found too deferential. Epicurus' main contribution was his hedonistic ethics; in his philosophy of nature he took over the views of the earlier Atomist Democritus, developing a world-view in which, unusually in ancient philosophy, there is no room for providence or teleology of any kind, and the gods, though they exist, take no interest in the world or in human beings.

If all that matters is to get present pleasure, what has happened to happiness? Alone among ancient philosophers, some of the Cyrenaics say that we should not be concerned about it. A happy life is an organized one in which past and future pleasures count in relation to present ones, but if our concern should always be to pursue the present pleasure then happiness will often get in the way of this, and we should disregard it.

This might sound like a suicidal strategy for living your life, one that is bound to favour short-term production of intense present pleasure from, for example, sex and drugs, with no thought for your future. In fact the Cyrenaics do not have to hold this; they only have to hold that reflection on and concern for your life as a whole has value only insofar as it tends to produce present pleasure. This means that overall reflection about your life can have value only instrumentally, as a means to something else. This thought seems to have been found deeply unpersuasive; at any rate the Cyrenaics were never more than an eccentric school in ancient ethical thought.

Epicurus seems to have learned from their failure, and he makes an effort to present pleasure as a candidate for happiness that meets the overall demands, thus making his theory more acceptable and mainstream. Your concern with your whole life, he thinks, is not just a means to enjoyment of the present; rather, it matters to you in its own right, as people commonly think. However, the happy life is, in fact, a life of pleasure.

We can see from the moves already made that this is going to sound strange: how can focusing on short-term gratifications *also* be a long-term concern with what matters overall in your life? Epicurus has to deny that pleasure is always short-term enjoyment. There are two kinds of pleasure, he insists, and while one of them is the kind of enjoyment that people get from activities such as eating, drinking, sex and the like, and is a 'movement', there is also another, 'static' kind, and *this* is what we should be seeking as the right way of achieving the happy life. Static pleasure is the absence of bodily pain and mental trouble; it is the state where you are functioning without impediment or discomfort. Epicurus boldly claims that this state is the highest pleasure that we can achieve – that is, you achieve happiness not by doing things that make you feel good, but by so ordering your life that you achieve this condition of painlessness and tranquillity. Unsurprisingly, doing this involves 'sober reasoning', which scrutinizes your life carefully and rejects activities which will result overall in impingements on your tranquillity. Hence short-term gratification and success is rejected if the results will lead to a less balanced and undisturbed plan of life overall. The Epicurean happy life, then, far from being a wild pursuit of fun experience, turns out to be a cautious and risk-aversive strategy for maintaining tranquillity. Critics did not tire of pointing out that, even if this is an acceptable idea of living happily, it is a peculiar conception of the most *pleasant* way we could live.

We can see why, given the ancient framework for ethics, hedonism is at a disadvantage. Hedonists seem condemned to giving an implausible account either of happiness, as with Aristippus, or of pleasure, as with Epicurus.

Our modern conception of happiness is frequently understood in terms of pleasure and desire-satisfaction (something aided by the wide and confused way we use 'happy'), and this can make it hard at first to see the appeal of ancient theories of happiness. If happiness is just getting what you want, then the ideas in the Choice of Heracles make no sense. However, our ideas about happiness derive from many sources and also contain elements more congenial to eudaimonism. We think of a happy life as involving achievement and success, for example, rather than just getting what you want. Theories of happiness as desire-satisfaction systematically run into problems once we face them with thoughts about our life as a whole.

Happiness and Virtue

Until recently, though, the really alien idea in the Choice of Heracles would have been thought to be the role of Virtue. In modern ethical thought, until quite recently, virtue had become something of a joke concept, one that could be understood only historically and could not be seriously used in ethical thinking. In the last decade, however, 'virtue ethics' has had a spectacular comeback. Once again, however, we find that there is not a perfect match between our notion of virtue and the ancient one, and so some explanation and comparison is needed.

A minimal conception of ancient virtue is that of having a systematic concern to do the morally right thing. All that this assumes is that we have some grip on the idea of doing what is morally right, as opposed to what is wrong. We do not have to start with an elaborate theory as to what is morally right; our account of this is deepened as the account of virtue develops.

Virtue is a richer notion than this, but already it is distinguished from non-moral concerns – the idea, for example, that virtue is a sort of non-moral 'excellence'. (Unfortunately, a misguided attempt to 'modernize' ancient ethical texts has led some translators to render the Greek word *arete* by 'excellence' rather than the supposedly old-fashioned 'virtue', thus obscuring the point that the texts are about morality. This is especially unfortunate now that modern moral philosophers are recognizing the moral import of virtue.)

Someone wanting to be prepared to do the morally right thing, not just occasionally but systematically, will have to have developed self-mastery and strength of mind to overcome the (very many) incentives we have to do something else. Hence it is not surprising that Virtue tells Heracles that her way is difficult and often unpleasant and frustrating. It is fine to do the morally right thing, but the virtuous person has to do a lot more than that. She has to develop a disposition, a firm state, of doing the morally right thing. And to get to that point she has to have developed two things, a firm understanding of morality and the willingness to act on it. Neither is easy or rapidly developed, and by the time someone is virtuous he will have made himself be a certain kind of person. Hence there is a connection between virtue and your life as a whole: becoming virtuous is becoming a person with a certain kind of *character*, and this requires reflecting in a thoughtful way about your life as a whole and the kind of person you aspire to be, as well as having the motivation to follow through on this. Neither is going to happen if you simply go along satisfying your desires and never developing the ability to think and act in the long term.

The modern conception of virtue is in many ways weaker than this. A virtue is often thought of as a kind of habit of acting in a certain way; this makes the virtues look like separate habits which grow up in locally isolated ways, since it certainly seems that you can develop a habit of generous giving without having a habit of acting bravely. In the ancient way of looking at it, isolated habits of action have to be unified by your understanding of what is morally appropriate, since it could hardly be the case that morality made one set of requirements for generosity and another, quite unrelated set for courage. In ancient ethics the point is not to have localized virtues but to be virtuous, to have the unified understanding which grounds all the virtues and is called practical wisdom or *phronesis*.

The ancient conception of virtue, moreover, is one in which practical wisdom takes the form of practical reasoning which is integrated with the motivation to do it. We have seen in Chapter 1 that there are many ancient theories as to the relation of reason and emotion; but all agree that in the virtuous person emotion and feeling are not, or are no longer, fighting against reason. The person who understands what the moral action requires, but has to battle down contrary motivation in order to do it, is not yet virtuous, but only self-controlled. Virtue requires that the person's motivation go along with her understanding.

Virtue, then, is a pretty demanding idea, in the ancient way of looking at it. It's not hard to see why critics of Epicurus' hedonism charged that he could not account for virtue. If pleasure is what we should be going for as our overall aim, then it is hard to see why we should care about the claims of morality except as means to gaining pleasure or avoiding pain. Epicurus denies that he is committed to this, but his critics seem to have the better of him here.

Can you be happy on the rack?

Most pressing, in ancient ethical debates, is the issue of the place of virtue in happiness. Virtue is the right pathway to the happy life, but this leaves many options open. Happiness is our overall aim, the goal for whose sake we do and seek everything else, while we don't seek to be happy for any further reason. Being a virtuous person will matter for this, but surely, we may think, common sense requires that other things matter too – for example, having a reasonable amount of money and other necessities, achieving success and so on. How could a happy life be a completely poverty-stricken and unsuccessful one?

Aristotle, who among ancient philosophers sticks most closely to common sense, agrees that this reaction of ours is an important one. Happiness, he holds, does require some amount of 'external goods' like money and success. On their own, no amount of such goods could make you happy, since whether or not you have them is not primarily up to you, and he thinks that, once you have begun to reflect ethically on your life, happiness must come from your own reflection on and organization of your life, and cannot just lie in external goods that circumstances can give and take away. Aristotle, however, fights shy of the idea that you can make yourself happy by making yourself virtuous. If that were so, he says, then a virtuous person would be happy even if he met with great and undeserved misfortunes, such as being tortured on the rack – and that would be hopelessly absurd.

Aristotle's conclusion tends to sound reasonable to us, since we have almost certainly never thought that being a virtuous or moral person is sufficient for having a happy life; so we can miss the point that in terms of the ancient theories it is a very unsatisfactory position to be in. He has to hold that the kind of person you are matters for having a happy life more than having money, status and so on, which matter only a certain amount; but he cannot say just how much they matter, since he is unwilling to say that a person who loses just that amount of money, status or whatever, is bound to be unhappy. Often he stresses that what is significant for living a happy life is not the goods you have but the use you make of them; just as the shoemaker does the best he can with whatever leather he has, and people who have suffered misfortunes do the best they can with what circumstances allow them. Hence he is unwilling to allow that a virtuous person who at the end of his life falls into great misfortune (such as Priam, the good king of Troy who lives to see his sons killed and city destroyed) must be considered to have lost their happiness. On the other hand, he wants to skirt what he sees as the ridiculous conclusion that the virtuous person is, just by being virtuous, happy whatever bad things happen to him. Hence he can allow neither that Priam after the fall of Troy is happy, nor that he is unhappy; he is torn between the common-sense view that of course he isn't happy, and the more theoretical idea that he has not lost his happiness, since happiness has to come from what you have made of your life, not from what other people do to you. So Aristotle's position is not really coherent – an irony, since he is the ancient philosopher most popular with and appealed to by modern authors developing theories of 'virtue ethics'.

Plato and the Stoics, more willing than Aristotle to discount ordinary views, defend the view that being virtuous *is* sufficient for a happy life. We can see that this is not, in the framework of ancient ethical thinking, the disastrously high-minded but implausible claim that it would seem if brought out without preface nowadays, but it may still seem unrealistic.

They think, however, that Aristotle makes a mistake in allowing that external evils subtract from the contribution to happiness that virtue makes. In fact, they think, virtue has a quite different kind of value. The Stoics put this point dramatically by saying that virtue is the only thing that *is* good, whereas health, money and so on should be called 'indifferent', although if we naturally go for something, such as health, it is a 'preferred indifferent'. They were not afraid to make themselves sound somewhat ridiculous by inventing new terminology disallowing straightforward computation that includes both virtue and external goods. In this respect they anticipate some of Kant's ideas about moral and non-moral value.

But is it just high-minded assertion that virtue is what matters most? Among the ways this is defended is the view, widespread in ancient ethics, that virtue is a kind of understanding of moral value (an understanding which, as we have seen, includes and is not opposed to affect and positive motivation), one that can be seen as an expertise or skill, exercised on the materials provided by the circumstances of your life. Just as a product or a work of art can be produced skilfully even with limited or inferior materials (something clearest in the performing arts) so a life can be well, and so happily lived even though the circumstances the person had to work on were inferior or positively bad. Aristotle comes near this idea when he compares the person in misfortune to the shoemaker doing the best he can with inferior leather; but he is too impressed by the idea that the product will be inferior to appreciate the point that the exercise of skill, the actual performance of the expert, may well be as impressive (or more so) in reduced circumstances as in good ones. The idea that virtue is a skill and that external advantages are its material makes prominent the idea that you make your own life; whatever you have to work with, the moral quality of your life comes from the way you live it, the choices you make and their implications for your character.

This idea is strikingly egalitarian, and accounts for the Stoic position

Can you be happy on the rack?

'[T]he happy man needs the goods of the body and external goods, i.e. those of fortune ... in order that he may not be impeded ... Those who say that the victim on the rack or the man who falls into great misfortunes is happy if he is good are, whether they mean to or not, talking nonsense.'

Aristotle, *Nicomachean Ethics*, Book VII, Chapter 13

'Aristotle's works on this, the *Nicomachean Ethics* and others, have ideas about virtue which are petty and grovelling and vulgar ... they dare to grab from virtue the diadem and royal sceptre which she holds inalienably from Zeus. They do not permit her to make us happy, but put her on a level with money, status, noble birth, health, beauty and other things which are common to virtue and vice. Just as any of these without virtue is not sufficient to render its possessor happy, so virtue without these, they say, is in the same way insufficient to make its possessor happy. How, then, is the value of virtue not destroyed and overthrown?'

Atticus, second century AD Platonist

that happiness is attainable not just by those well-provided by life with money, good looks and status, but also by those who have bad luck: slaves, the conquered, people in limited social positions, like most women in the ancient world. It is notable that two of our major Stoic texts from the period of the Roman empire come from Marcus Aurelius, an Emperor, and from Epictetus, a freed slave. Stoicism was available equally to both of them as a philosophy to live by.

But if external goods do not contribute to our happiness, why should we even bother with them? The Stoic position here is subtle and hard to express briefly, but important here is the idea that we should make moral decisions from where we are. When you start to think about virtue, you are not a blank slate; you already have a given nature with needs for food, security, and so on, and also a social position: you already have a family, a nation, a job, and so on. It would be absurd, flouting human nature, to try to sacrifice or ignore these facts in the name of virtue; rather, we should aim to deal virtuously with them, always remembering that the demands of virtue trump them. Again, there are many affinities with Kant's moral thinking.

Virtue, ancient and modern

'Virtue ethics' has recently moved to the foreground of contemporary moral thinking, and with it an engagement with ancient ethical theories (unfortunately with a disproportionate emphasis on Aristotle). A common worry, which threatens to isolate the ancients from us, is that the development of a virtue is the development of a habit of doing the morally right thing – but what that is, is given by what virtuous people in your society do. Virtues develop within cultures and traditions; noticing this obvious enough point sometimes produces the charge that eudaimonist ethics is essentially conservative. Aristotle delineates the virtues recognized in *his* society; but these are the virtues of a privileged élite – free adult Greek males – and have dubious moral relevance beyond that, or to potential social improvements.

This common charge misses the point. Of course we begin by emulating the people we recognize as virtuous in our society; hence, unsurprisingly, virtues differ between cultures. But this is all prior to the beginning of ethical thought; ancient ethics begins at the point when the individual starts to reflect about her life as a whole, and make decisions which recognize the necessity of choosing between options, as Heracles does. The ancient ethical agent takes charge of his life; as practical reasoning develops he becomes ever more in control of it, and ever more responsible for the quality of it. Of course the result is different now from what it was in ancient Greece. How could it not be? The options are different. What is the same is the difference that is made when the agent stops drifting along in her life and taking for granted the social pressures on it, and starts to think ethically about it and the form it takes.

Ancient ethical thought is attractive because, among other things, it unites two concerns which are hard to find together in other traditions. One is a sense of the demands of morality, the recognition that morality makes a huge difference to all of your life. The other is a rootedness in concerns that we all have, and have difficulty making ethical sense of – family, jobs, commitments, friends, and the business of everyday living. The person who follows philosophy to the point of holding that virtue is sufficient for happiness has travelled a long way from her original concerns, and yet has never abandoned them.

Chapter 4
Reason, knowledge and scepticism

In Chapters 1 and 2 we saw how immediately gripping a topic in ancient philosophy can be, but also how we engage with the tradition in ways which reflect our own historical openness to some aspects rather than others. In Chapter 3 we explored an aspect of ancient philosophy – the ethical framework of virtue and happiness – which has turned out particularly fruitful for modern philosophical explorations. Now we shall look at some of the strands of ancient thinking about knowledge, and the lack of it, which on the face of it show more contrast than likeness to modern thinking on the topic.

Assumptions about knowledge

In modern epistemology, or theory of knowledge, certain assumptions are common. Among them is the view that the existence of knowledge must be justified against the sceptic, that is, the person who thinks that we can never know anything, because he holds that we can never meet the conditions for knowledge. Knowledge is taken to be, at least in part, a matter of being in the right relation to facts or information. (What is this right relation? Here we find very different views, which can barely be indicated here. Some philosophers stress justification, others the right causal connection, and there are sophisticated variants and combinations of these positions.) It is hard to imagine a modern epistemologist being impressed by the thought that your mechanic *knows* how to fix cars. It is equally hard to think of her finding it important that someone who knows lots of facts in science, say, may lack understanding of them. And what modern epistemologist would greet an authoritative pronouncement that she in fact possessed knowledge by trying to refute it?

We can start to understand what is distinctive about ancient attitudes to knowledge by beginning with Socrates. His friend Chaerephon, we are told, asked the oracle of the god Apollo at Delphi whether anyone was wiser than Socrates, and Apollo replied that nobody was. On being told this, Socrates was surprised, and wondered what the oracle could possibly mean, since he was aware that he possessed no wisdom or expertise of his own. So he went round people considered experts, questioning them about their alleged expertise, but always finding either that they could produce no remotely adequate account of what they were supposed to be experts in, or that the expertise they did have was less important than they thought it. He concluded that Apollo's meaning must be that the wisest person is the person most aware of their own ignorance.

Of all ancient philosophers, Socrates is the most recognizable. There is good reason for this; for ancient culture in general Socrates serves as the symbolic figure of the Philosopher. However, it is also remarkable, given that his life is elusive, he wrote nothing, and left a series of wildly differing philosophical legacies.

Socrates lived from about 468–399 BC. His father was a stonemason called Sophroniscus, his mother a midwife called Phainarete. His circumstances were initially prosperous, but by the end of his life he was poor, as a result of neglecting his practical affairs in his devotion to philosophy. His wife, Xanthippe, has an aristocratic name; she passed into legend as the shrewish wife of the undomestic philosopher, but we do not know what lies behind this. They had three sons, one young at the time of Socrates' death. Later, unreliable tradition ascribes to him a second wife, Myrto.

In 399 Socrates was tried and executed. The charges are strikingly vague and prejudicial, and it has always been suspected that the real agenda was political. We shall never know the facts. Clearly Socrates was widely regarded as an annoying and subversive presence in Athens.

Socrates identified the practice of philosophy with personal discussion and questioning, refusing to write anything. His followers elevated him to the founding figure of their mutually conflicting approaches to philosophy. Through his austere disciple Antisthenes, Socrates was regarded as the inspiration for the convention-rejecting Cynics; through his disciple Aristippus, he was claimed as the first hedonist. Through the tradition of Plato's Academy he was hailed as the first sceptic; through the Stoics he was regarded as the first ethical philosopher. In the writings of his younger follower Xenophon he appears as a conventional moralizer. In the writings of Plato, Socrates appears in a variety of guises. Sometimes he is the questioner who undermines the pretensions of others to understanding; sometimes he puts forward positive claims about ethics and metaphysics; sometimes he merely introduces other philosophers who have things of their own to say. Socrates continued to be influential as the figure of the philosopher par excellence, and his refusal to commit himself to authoritative teaching made him a usefully plastic figure whose influence could be claimed for widely different views and approaches.

This minimal construal of what a god means by calling a human 'wise' is in keeping with a Greek tradition of emphasizing the gulf between human and divine capacities. It also brings out some assumptions about ancient epistemology. Socrates goes round denying that he has knowledge, but this is never understood to mean that he does not know ordinary, everyday facts; he is aware of knowing large numbers of these. Further, he sometimes claims to know quite substantial pieces of moral knowledge, such as that he should never do wrong, or abandon what he regards as his divine mission. What he denies having is knowledge in the sense of wisdom or understanding, which goes beyond mere knowledge of isolated facts and is assumed to be found, if at all, in people who are experts in something. When Apollo says that he is the wisest person, then, Socrates is troubled by it, since if a person is an expert in something, he would normally be expected at least to be aware of what he is an expert in. He responds to the oracle by trying to find someone wiser than he is, then, not out of a rude desire to show

The trial of Socrates

'The following sworn indictment has been brought by Meletus, son of Meletus, of Pitthos, against Socrates, son of Sophroniscus, of Alopeke. Socrates does wrong in not recognizing the gods which the city recognizes, and in introducing other, new divinities. Further, he is a wrongdoer in corrupting the young.'

This indictment against Socrates was preserved in the archives of Athens and reported by later scholars. Socrates was found guilty by about 280 votes to 220. (Juries consisted of 501 citizens.) The prosecutor proposed death as a penalty. Socrates at first refused to allow that he had done anything deserving of a penalty, but eventually suggested a fine. The jury voted for death by a larger margin, about 360 to 140.

Apollo wrong, but because he does not understand the oracle, and the only way to find out how he is the wisest person is to find out what the expertise is which he is supposed to have. And, since this is obviously not self-declaring, the only way to find it out is to see how well he compares with other people in understanding what they are supposed to be wise about or experts in; and this can only be achieved by questioning them about what they are supposed to understand.

A number of points emerge in Socrates' response to the oracle. Philosophically interesting questions about knowledge are taken not to concern our relation to particular facts – how I can *know*, for example, that the cat is on the mat. Philosophical attention is focused on a more complex matter: the possession of wisdom (*sophia* – the wisdom loved by the *philosophos*). It is assumed, taken to be a matter beyond argument, that wisdom is not just knowing individual facts, but being able to relate them to one another in a unified and structured way, one that involves understanding of a field or area of knowledge. (A useful parallel is that of knowing a language, which obviously involves more than knowing individual pieces of information about vocabulary and syntax, and requires the understanding of how these fit together in a unified way. The language example also brings out the way that this unified understanding is not a theoretical grasp cut off from practice, but may itself involve a practical ability to apply the understanding in question.) The philosophically interesting kind of knowledge involves a complex of items grasped together in a way that enables the knower to relate them to one another and to the structure as a whole. In all but the simplest cases this grasp will require an articulate ability to do this relating, one which will explain why the different items play the roles they do in the system. (Think of teaching a language.) Such a grasp will typically be found in someone who has expertise (*techne*) in a subject.

Socrates never raises the question whether there is such a thing as wisdom or expertise. This would be silly, since there obviously are experts in some fields, such as crafts. Presumably, though, Apollo meant more than that Socrates had the kind of expertise to be found in weavers and potters, so Socrates' search is for expertise in matters of importance in human life. Hence he is particularly keen to question self-styled experts in virtue, or what is worthwhile in life, such as the sophists claimed to be. He questions them on the topics that they claim to be experts in, and always succeeds in showing that they lack

Differing views of Socrates

'Mankind can hardly be too often reminded, that there was once a man named Socrates, between whom and the legal authorities and public opinion of his time there took place a memorable collision . . . This acknowledged master of all the eminent thinkers who have since lived – whose fame, still growing after more than two thousand years, all but outweighs the whole remainder of the names which make his native city illustrious – was put to death by his countrymen . . . Socrates was put to death, but the Socratic philosophy rose like the sun in heaven, and spread its illumination over the whole intellectual firmament.'

John Stuart Mill, *On Liberty*

'Socrates – that clown from Athens!'

Zeno of Sidon, Epicurean philosopher, second century BC

'We shall ignore Chaerephon's story about the oracle, since it is an utterly sophistical and cheap trick.'

'Socrates, the arguments you worked out are bogus. The conversations you had with the people you met are one thing, and what you did was another.'

Colotes, early Epicurean philosopher, third century BC

5. The image of Socrates: physically ugly, intellectually an enchanter

understanding of these topics, since they fail to explain satisfactorily why they say what they do, and indeed often make inconsistent claims. Socrates' questions do not start from a position of his own, since this would only weaken the point that it is the other person who is supposed to display understanding of what *he* claims to know. When Socrates deflates the self-styled experts by showing them, just from premisses that they accept, that they don't understand the subject they have been pontificating about, they cannot defend themselves by faulting his views, since these have not come into it.

Understanding and what it involves

What would show that a person has wisdom and understanding comes to be referred to as 'giving an account', *logon didonai*. *Logos* is the ordinary Greek word for reason; what you say about the topic you are supposed to understand must give reasons in a way that explains the matter. Socrates' victims can produce plenty of words, but they fail to give a reasoned account of their subjects, and so are shown not to understand what they are talking about.

What are the standards for 'giving an account'? This is obviously crucial for the question of whether you really know, that is, understand something. Minimally, of course, you have to be able to keep your end up in an argument and show that your position is consistent. But something more positive than this seems required too. One major strand of ancient epistemology consists of exploring the requirements for 'giving an account', providing the reasoned basis necessary if you are to have understanding of a field of knowledge.

In many of Plato's dialogues Socrates suggests that you have to be able to provide a satisfactory answer to the questioner who wants to know what virtue is, or courage, or friendship, or the like. This is obviously not provided by trivially appealing to the meaning of words; it has to express the nature of virtue, or courage, in such a way that the person to whom it is successfully conveyed will be able not only to recognize examples of virtue, or courage, but to explain why they are examples of the virtue in question, relating them to its nature. This exploration is sometimes called a search for 'Socratic definitions', although 'definition' is an unhappy term here.

One standing puzzle about these dialogues is the following. Socrates is ambitiously searching for understanding of difficult concepts like virtue and courage. But his approach is always to question others, starting only from shared premisses. This kind of *ad hominem* arguing relies only on what the opponent accepts and what it produces, time after time, are conclusions as to what virtue, courage, friendship and so on are *not*. Some self-styled expert makes a claim as to what virtue, etc. are, and Socrates shows that this cannot be the right answer. This does not, however, seem to move us towards understanding what virtue, courage and so on *are*. Socrates shows that others lack understanding, but not in a way that seems to be cumulative towards obtaining understanding of his own. There appears to be a mismatch between the goal and the methods. There are many ways of resolving this puzzle, and philosophers are divided over it.

Plato has a variety of concerns with knowledge, to some of which we shall return. Some of his most famous passages, however, show the dominance of what we can call the expertise model for knowledge. What is taken to matter for knowledge is whether you can, as an expert can, grasp the relevant items in a way that relates them to one another and to the field as a whole, and can give a reasoned account of this, one which explains the particular judgements you make and relates them to your unified grasp of the whole. And in some places Plato rethinks the crucial idea of giving a reasoned account, taking mathematics as his model.

In the *Republic*, Plato develops possibly the most ambitious model for knowledge that any philosopher has put forward. Now the aspiring knower has to complete an apprenticeship of many years' mathematical studies. Mathematics – by which he is primarily thinking of the kind of systematized geometry of which we have a later example in Euclid – is remarkable for its rigour, system and clarity. It struck Plato as a perfect example of the kind of structured body of knowledge that had been presupposed all along by the expertise model. Moreover, all the features of the expertise model seem to fit mathematics in a clear and impressive way. Mathematics is not a heap of isolated results; particular theorems can clearly be seen to depend on other results which are proved in turn. The whole system begins from a clear and limited set of concepts and postulates. The way in which we get from these first principles to particular results is also lucid and rigorous. It is easy to see why Plato might see in an earlier version of Euclid a splendid model of knowledge as a structured and unified system, one where it is absolutely clear what the knower knows and how she knows it, how the system holds together and what it is to give a reasoned account of what you know – namely, a proof.

Mathematics as a model for knowledge also introduces two new notes. One is that mathematical results are peculiarly unassailable; we do not waste time arguing that Pythagoras' theorem is wrong. We have seen that certainty and justification of what is known are not prominent in the cluster of issues that are the focus of the expertise model, where what matters is understanding that can be applied in practice. But Plato is clearly at some points attracted by the idea of a body of knowledge that is not open to serious questioning.

The other point flows from the fact that mathematics provides us with a body of firm knowledge which does not seem in any plausible way to have as its object the world that we experience, in an everyday way, through the senses. Pythagoras' theorem was not discovered by measuring actual drawn triangles and their angles, and irregularities in these are obviously irrelevant to it. Plato is attracted to the view that a body of knowledge can exist to which our access is solely by using our minds and reasoning. He is not the last philosopher to be tempted by the view that the powers of philosophical reason are more developed versions of our ability to reason mathematically.

In the *Republic*'s central books, we find that to have knowledge requires mastery of a systematic field whose contents are structured as rigorously as the axioms and theorems in Euclid, and linked by chains of proof. Moreover, Plato goes one better than the mathematicians in claiming that philosophy actually proves its own first principles – something which mathematicians fail to do – and so does not begin from assumptions, but shows how everything flows from a first principle which is proved and not assumed. (Here matters get obscure, particularly since Plato makes everything depend on what he calls the Form of the Good.) As with mathematics, what is known is a formal system – what Plato famously regards as the world of Forms – and not the world of experience revealed to us by the senses; indeed, Plato goes out of his way to stress the extent to which the person thinking in abstract mathematical terms will come to conclusions at odds with experience.

This is, of course, an *ideal*, something emphasized by the way that the only people who, Plato thinks, have a chance of attaining it are those who are exceptionally talented by nature and have been brought up in ideal cultural circumstances. This warns us against thinking that we can find any actual example of knowledge. The expertise model on its own seemed to hold out the chance at least that knowledge was attainable. But when the requirements are made as formal and demanding as they become when mathematics is the model, the conditions for knowledge get set so high as to be unattainable by us.

Understanding and the sciences

Aristotle, in this as in many matters Plato's greatest pupil, takes over the *Republic* model, but with important modifications which make it philosophically far more fruitful. He develops the idea in his work on the structure of a completed body of knowledge, the unfortunately titled *Posterior Analytics*. (It is so called because it follows his treatise on logic, the *Prior Analytics*.)

For Aristotle, Plato goes wrong in thinking that all knowledge hangs together in a unified structure. This makes the mistake of thinking that all the objects of knowledge together make up a single system, and can be known as such. But, Aristotle thinks, there is no such single system; different branches of knowledge employ fundamentally different methods, and do so because their subject-matters are fundamentally different. Aristotle does not disagree that something like Euclid's geometry is a reasonable model for knowledge; like Plato, he is willing to appeal to mathematics to beef up the idea of expertise. But there is no such thing as knowledge as a whole, only the different kinds or branches of knowledge – or, as we are tempted to say, sciences. (The Greek word for knowledge, *episteme*, forms a plural, but we cannot say 'knowledges', and have to make do either with 'branches of knowledge' or 'sciences'. This can obscure the way that, for example, Aristotle's notion of a science is a restriction of Plato's conception of knowledge.)

As well as this radical 'departmentalizing' of knowledge, Aristotle imports a further difference. Whereas Plato focuses relentlessly on the individual knower, Aristotle widens his epistemological view to take in many aspects of the *social* production of knowledge. It is not for nothing that 'science' is more appropriate to Aristotle's discussions of knowledge than to Plato's. Aristotle is aware of the way that the development of a science, such as biology, requires research and observation from many people, and also that the single investigator does not reinvent the wheel every time, but relies on others' results and data and, more importantly, on their questions and setting of the problems. He himself begins his enquiries in a number of fields by first canvassing views on it that are reputable and widely held, or put forward by philosophers or other investigators. It is by entering into this tradition of previous enquiry and exploring the problems that it has thrown up that the investigator can make progress.

Hence Aristotle can distinguish (though it would have been nice if he had done so more clearly) between different aspects of the development of a body of knowledge. The data and observations a science relies on, built up by the co-operative activities of many people, are material for a science, not science itself. Pieces of information do not constitute knowledge until they are fitted into and form part of a structured system. Hence before they amount to knowledge, the results of research and observation must be given a place within the appropriate structure. In the *Posterior Analytics* this structure is laid out very rigidly, and the influence of the mathematical model is very obvious. The first principles of a science must be true, primary and immediate, hold necessarily and be explanatory of the results that they are the first principles of. Much effort has gone into exploring ways in which a science like, say, biology could fit such a model, and it is generally agreed that the model is unsuitably rigid for many Aristotelian sciences. The overall point is not lost, however: empirical research is needed to gather any information worth knowing, but knowledge comes only when we see how it fits into a formal explanatory structure.

Both Plato and Aristotle have an extremely ideal model of understanding. Neither doubts that knowledge is possible in principle, though for Plato particularly the conditions become very idealized and removed from everyday life. Of course, given that they are working with the expertise model, the idea that knowledge is possible is not very radical. But what they are claiming is that we can have knowledge not merely of humdrum matters but of philosophically challenging and worthwhile subjects. Some version of this claim is common in most ancient philosophical schools.

Scepticism and belief

This is not the only approach to knowledge, however; we find very different ones. The most radical of these is traced in part to Socrates and in part to Pyrrho, a later philosopher who also wrote nothing. This is ancient scepticism (making Socrates one founder of scepticism). Unlike modern scepticism, the ancient movement does not limit itself to denying that knowledge is possible, leaving us with true belief. Ancient scepticism is as concerned with holding beliefs as with knowledge, and is best thought of as an intellectual position concerning the powers of reason, one far more radical than modern scepticisms.

The sceptic begins like everyone else, by searching for truth and for knowledge. This he does by investigating, querying others' reasons for what they claim, and looking for supporting reasons for positions of his own. So far there is no disagreement with the basic idea that knowledge requires the giving of a reasoned account. Knowledge of any kind worth having (that is, not knowledge of everyday bits of information) requires that you be able to give satisfactory reasons for what you claim. What distinguishes the sceptic from other philosophers is just that he never regards himself as having got to that point. The Greek term *skeptikos* means, not a negative doubter, but an investigator, someone going in for *skeptesthai* or enquiry. As the late sceptic author Sextus Empiricus puts it, there are dogmatic philosophers, who think that they have found the truth; negative dogmatists, who feel entitled to the position that the truth cannot be found; and the sceptics, who are unlike both the other groups in that they are not committed either way. They are still investigating things.

Why the problem? Surely if you investigate you will turn up *some* results that can count as knowledge or at least as belief. Sceptics think that, while we want to think this, it will always turn out to be rash (or 'precipitate') assent: we committed ourselves too soon. Real inquiry, thorough investigation, will reveal that the situation was more complex

Pyrrho of Elis (*c*.360–*c*.270 BC) is, like Socrates, an influential philosopher who inspired others but wrote nothing himself. His life is even more elusive than that of Socrates, and unlike him he left no visual image.

Originally a painter, Pyrrho at some point was influenced by various philosophical schools. He accompanied Alexander the Great on his conquest of northern India, where he encountered Indian 'gymnosophists' or naked wise men. It has been claimed that this encounter was decisive for his own philosophical stance, and similarities have been claimed between reports of his arguments and early northern Indian Buddhist texts. The Greeks, however, found no problem in interpreting Pyrrhonism in Greek terms, especially as Pyrrhonists always argue against the views of others, and so developed a repertory of attacks on existing philosophical theories.

Pyrrho himself impressed others by the example of tranquillity and impeturbability he gave in refusing to commit himself to any dogmatic belief. Stories about him abound, but are mostly hostile jokes to the effect that he suspended judgement in everyday matters, thereby making himself ridiculous. Other stories say that he lived a respectable life and that Elis exempted philosophers from taxation in his honour. His pupil Timon wrote satires against dogmatic philosophers, and also prose accounts of Pyrrho's arguments which, though problematic, show them as forerunners to the later versions of these arguments, especially those found in our main sceptical text, Sextus Empiricus' *Outlines of Pyrrhonism* (of uncertain date but probably second century AD).

and problematic; we turn out never to have reason to commit ourselves one way or the other, and so end up suspending judgement – that is, having a detached and uncommitted attitude to whatever the issue was.

At first this sounds ridiculous, indeed unserious. Does the sceptic really hold that we can never establish what time it is, that the sun is shining, that this is bread and not grass? This is an ancient reaction, but a mistaken one.

Pyrrho, the founding figure of one branch of scepticism, is someone about whom we know little, and our accounts of his intellectual attitudes are frustratingly meagre. His uncompromising attitude about our never having reason to commit ourselves to anything led to unfriendly jokes, such as that he had to be looked after by unsceptical friends to stop him walking off cliffs, and the like. But there is an alternative tradition to the effect that he lived a normal life, so it is most probable that, like later sceptics, he took it that even when we cannot commit ourselves to beliefs we can live by the way things appear to us.

Later sceptics who took their inspiration from Pyrrho developed the idea that we 'live by appearances'. That is, all we need to live is for things to appear to us in one way rather than another. If we go beyond this (which we get inclined to do when we move on from everyday matters to issues where there is dispute and complexity) and try to commit ourselves to beliefs, we will always in fact find, if we investigate rigorously, that we cannot commit ourselves; there turns out to be equally good reason on both sides of the question, so that we find ourselves equally inclined both ways, and so end up uncommitted, suspending judgement on the issue. This does not leave us paralyzed, however, since we still have the appearances to live by. The fact that I cannot commit myself does not stop things appearing to me one way rather than another. Being rationally uncommitted does not do away with all the other sources of motivation that get us by – habit, desire, fear of the law and so on. The view that if reason does not commit us we cannot go on living comes from an over-estimation of the powers of reason, which we do not always need and which tempts the dogmatist into committing herself prematurely to the truth of some theory.

Moreover, the sceptics go on the offensive here. What we want out of rational commitment to our beliefs, they hold, is happiness, which is to be found in peace of mind; we want to feel confident about the way things are and not worried by our uncertainty about them. But commitment to positive or negative theories on the topic can never do this; all it can do is displace or redirect the original anxiety. Only the sceptic, who realizes the futility of commitment to belief, is tranquil; rigorous investigation brings suspension of belief, and this brings the peace of mind that had been sought in the wished-for answers. Hence only the sceptic gets what everyone else is looking for, peace of mind. But she gets it only by not looking for it, merely being there when it arrives; and it arrives as a result of the rigorous investigation that makes it impossible to commit yourself for or against any position.

There is much in the sceptical story that is implausible, or seems forced. Moreover, problems lurk which can be barely mentioned here. What is the scope of the sceptic's suspension of belief? Does it extend only to matters on which she investigates? If so, does she have some beliefs, namely the unproblematic ones? Anyway, what is the sceptic doing telling us all this about how to achieve peace of mind, how others fail, and the sceptic succeeds? How can she do this without holding beliefs?

Ancient scepticism is one of the most interesting and subtle philosophical positions. Like its dogmatic cousins, it embodies strong assumptions about reason, though subversive rather than positive ones, and is both deeper and broader than modern forms of scepticism which limit themselves to complaints about knowledge, and may reject some subject-matters on the basis of uncritically accepting others. Ancient sceptics, unlike moderns, are uninterested in carving out a position within philosophy; they think that philosophical reason, when exercised, will always undermine itself.

Socrates provided an alternative inspiration for the other branch of ancient scepticism, which took over Plato's Academy from the middle of the third century BC until its end in the first century BC. The Academics held that philosophizing in the spirit of Plato should take the form of doing what Socrates did, namely undermining the claims of others while putting forward none of your own. Hence the sceptical Academics spent their time arguing *ad hominem* (that is, not from any position of their own but only from premisses the opponent accepts) against dogmatic philosophers whose claims they thought inadequately grounded, mostly the Stoics. Unlike the Pyrrhonists, the Academics made no claims about happiness or peace of mind. Their assumption about reason is simply that dogmatic philosophers have always been too hasty; their claims can be overturned from within and not by relying on the establishment of other positions.

Varieties of knowledge

So far we have seen bold and radical positions, both positive and negative, about knowledge and belief. It would be misleading, however, to give the impression that ancient concerns with knowledge always focus on wisdom and understanding; we can also find concerns which overlap with modern ones. Plato, for example, produces interesting arguments against relativist theories of knowledge which do not rely on any of the special features of his own ambitious account. A relativist, such as Protagoras, against whom Plato argues in the dialogue *Theaetetus*, claims that for someone to have a true belief is no more than for something to appear true to him, and hence that truth is relative to the believer. This can seem at first like a liberating discovery, especially since it defuses all disagreement. The wind appears hot to me, cold to you; we are both right, and there is nothing to argue about. Protagoras, however, puts his relativist theory forward as a *theory*, something we should accept and take seriously (if only in order to be liberated from our disagreements). But if Protagoras is right, the truth of his own theory is relative to him – that is, it is just the way things appear to him. And why ever should we accept, or be interested in, what happens to appear a certain way to Protagoras? If we are to take relativism seriously as a theory, then relativism cannot hold of it. (Versions of this powerful point are still being made against modern forms of relativism.)

Plato is also interested in the question of what is going on when we are said to know particular facts, and this is developed by the Stoics, who retain the expertise model for what they call knowledge proper, but also develop an account of what they call apprehension, which amounts to one way of thinking of knowledge, especially in some modern epistemological theories. Apprehension is what you have when you are so related to an empirical fact that you cannot be wrong about it. The Stoics put some effort into working out what the conditions have to be for this to hold. Roughly, the thing in question has to make an impact on you, an impression; and this impression must come from the thing in the right way – the causal story must be the right one; and the impression must be one that you could not have had from any *other* thing, however similar. These conditions were seen as a challenge to produce counter-examples, where the conditions are all met, but we have to agree that we do not have knowledge. The Academic Sceptics in particular carried on a long debate with the Stoics on this topic, as a result of which the Stoics seem to have introduced further conditions and modifications.

Finally, we do find, in the range of ancient epistemological theories, one which seems to meet the desiderata for a modern theory, namely that of Epicurus. For Epicurus does worry about scepticism in the modern sense – that is, the person who rejects the idea that our beliefs might ever meet the criteria for knowledge – and he thinks that he has to establish the possibility of knowledge against this challenge. He thinks of knowledge not in terms of the expertise model, but in terms of the knower's relation to particular matters of fact. What I know, then, are for Epicurus primarily particular pieces of information to which I am related in such a way that my relation to them constitutes knowledge; these are the primary items that are known. Anything more ambitious than this has to be shown to be built out from these primary items in the most economical and careful way that is feasible.

Epicurus' theory is, untypically for ancient theories, rigorously empiricist – that is, it begins from and relies on our sense-experience. What I know comes to me through the senses, since only sensations relate information to me in a way which is unmediated by a process which could involve error. My ordinary beliefs, arrived at in ways which involve inferences going beyond experience, contain truths, but also falsehoods that have crept in through the human propensity to get things wrong. But if I concentrate only on what the senses tell me, I cannot go wrong. For Epicurus, belief and reasoning are sources of error, not, as for most other schools, the source of our ability to correct error. Error, then, comes in only when I start adding beliefs to what the senses tell me. Hence it turns out that what the senses tell me is not even as extensive as claims about tables and towers – since obviously these can be mistaken, as when we judge from a distance that a square tower is round. Rather, the reports of the senses are limited to how the tower appears to us from a particular perspective at a particular place, and so on. Hence we have knowledge, since we cannot be wrong about this. We could, however, be wrong about the tower, since we might make a claim that did not make due allowance for perspective, distance etc. Our knowledge turns out to be far more limited than our everyday observations about the world around us.

Epicurus' theory of knowledge was not regarded as particularly impressive; indeed it was widely regarded as hideously crude. Later Epicureans, however, did develop interesting analogues of what we think of as issues of induction – how, from a number of particular observations, we can come to make justifiable generalizations about *all* occurrences of this kind of thing. Are we justified, for example ('we' being Epicurean philosophers living in Italy) in inferring that because all the humans we have observed are mortal, so are humans in hitherto undiscovered countries, such as Britain? (If there are any humans there, adds Philodemus, the philosopher whose example this is.)

Empiricist theories of knowledge, like an emphasis on the knower's relation to particular facts, are the minority stream in ancient epistemology. What emerges from even a cursory survey of ancient concerns with knowledge, however, is the width and diversity of approaches. A student of epistemology in the ancient world would find a number of challenging theories and an extensive tradition of debate. She would find several ways of understanding *knowledge*: theories about wisdom and theories about apprehension of particular facts, theories privileging abstract reasoning and theories privileging the basic reports of the senses. She would also find extensive engagement not just with knowledge, but more generally with problems of belief and the powers of reasoning, both positive and negative.

Chapter 5
Logic and reality

The syllabus

If you specialize in philosophy at university, you discover that there are some skills you have to acquire, and topics you have to cover, in order to become competent in the subject. You will have to do some courses in logic and critical thinking, and cover topics in metaphysics, epistemology (and possibly philosophy of science), and in ethics, political philosophy (and possibly aesthetics). You may also have to do some history of philosophy, which will almost certainly be done in a way critical of philosophers, past and present, in what are seen as 'other' traditions, although philosophers in what is seen as 'your' tradition will be treated more respectfully.

In the ancient world things were not so different. After the establishment of Plato's Academy, philosophical schools devoted to different philosophical traditions were the major places where philosophy was learnt, taught and passed on. Wealthy individuals might have philosophy tutors in their homes, but these would typically have been trained in some philosophical school. Each school would belong to a definite tradition, within which certain texts (typically Aristotle's, or the Stoics') were privileged. And from fairly early on the philosophical curriculum consisted of three parts: logic, physics and ethics. This happened early enough for it to be ascribed (unconvincingly) to Plato, though it is clear that neither Plato nor Aristotle wrote with such a curriculum in mind; it fits the interests of later schools, like the Stoics and Epicureans, far better. So far we have looked at an important topic in the ethics part of the curriculum, and also at theory of knowledge, which was considered part of logic, since logic was construed broadly, so as to cover what we call epistemology and philosophy of language. But there was also logic as we generally understand the term, more narrowly. And there is the topic that sounds oddest to us, 'physics'.

Logic

Why is logic needed as part of philosophy? This topic was controversial then as now, some holding that logic was a part of philosophy in its own right, others that it was only a 'tool' that we use in order to improve our study of philosophy proper. Either way, we need logic to ensure that our arguments are sound ones, with no lurking fallacies for opponents to exploit, and also to enable us to detect weaknesses in the ways our opponents argue. In ancient philosophy logic has the function of sustaining philosophical truths and demolishing philosophical mistakes. Logic developed for its own sake was often regarded as a potential distraction from the central concerns of philosophy.

Logic is one of the more impressive achievements of Aristotle. Finding no given systematic techniques for classifying and distinguishing arguments that just persuade people from arguments which lead to true conclusions by valid inferences (and also finding, as today, many influential people glorying in conflating the two), Aristotle systematized the notion of valid argument and constructed an extensive logical system.

The centre of Aristotle's logic is the idea of a *deduction*, in Greek *sullogismos*. He defines it quite generally: a deduction is an argument in which, some things having been laid down, something other than the things laid down comes about by necessity, because these things are so.

More formally, the conclusion of a deduction follows necessarily from the premisses. Aristotle adds that the conclusion must be something *different* from the premisses; hence he is not trying to capture what modern logicians are after when they hold that 'If p then p' is a valid argument. He also holds that the truth of the conclusion must come about in a way that is *through* the truth of the premisses, thus excluding redundant premisses making no contribution in establishing the truth of the conclusion. Here too he diverges from modern notions of purely formal inference. There has been a large amount of (unsettled) modern discussion as to what Aristotelian deductions are, in terms of modern formal logic, and hence as to how his logic should be classified.

In modern terms Aristotle's is only a fragment of logic, since, despite the wide scope of his definition of a deduction, he systematically studies only a much narrower range of deductions, those that have come to be known as Aristotelian syllogisms. He considers statements, positive and negative, that have the form of claiming that a predicate *P*, 'belongs to' or does not 'belong to' a subject *S*, in all, some or no cases. (As developed since the Middle Ages, these statements take the more familiar form of 'All *S*s are *P*', 'Some *S*s are *P*', 'Some *S*s are not *P*', and 'No *S*s are *P*'.) Aristotle's greatest contribution is the use of schematic letters, which enables him to study the form of an argument regardless of its particular content. He systematizes the ways in which two statements in one of these forms, which share a common term (the 'middle' term) lead to a conclusion. Some of these combinations will give valid arguments, others not. Aristotle devotes great ingenuity to showing which forms are valid, and which are not. (He also begins to develop a system of 'modal logic', that is, a logic of statements modified by 'necessarily', 'possibly' and so on, but less successfully.)

Various suggestions have been made as to why Aristotle should have limited himself in this way. Fairly plausible is the idea that, although he is interested in arguments as such, Aristotle is most concerned to formalize the type of argument which finds its home in his model of a completed science or body of knowledge, one in which what is at stake is the relations of kinds of thing, and claims about what holds universally are particularly important. Arguments involving individuals find no place in this logical system (though they appear in fleeting thoughts on Aristotle's part about a 'practical' logic of arguments that lead to action).

Aristotle hints at ideas, developed further by his pupil Theophrastus, of systematizing arguments where what is studied are the relations between the statements, rather than the terms which form part of them. Real progress here, however, was left to the Stoics, in particular Chrysippus. Stoic logic concerns statements or *axiomata*, which assert or deny something. Compound statements are produced by joining simple statements by various connectives, such as 'and', 'or' and 'if'. Stoic logic studies arguments which are made up of premisses and conclusion, where these are all statements; much of it overlaps with modern 'propositional logic', though there are differences. Five argument-schemata are taken as basic (the schematic letters *P* and *Q* stand in for statements). These are: (1) If *P*, then *Q*, *P*; therefore, Q (still familiar, as 'modus ponens'), (2) If *P*, then *Q*, not-*Q*; therefore not-*P* ('modus tollens'), (3) Not both *P* and *Q*, *P*; therefore not-*Q*, (4) Either *P* or *Q*, *P*; therefore, not-*Q*, (5) Either *P* or *Q*, not-*P*, therefore *Q*. From this basis Stoic logic developed in sophisticated and powerful ways.

As with Aristotle, the Stoics were not merely interested in argument for its own sake. They were concerned to produce arguments which were also 'proofs' – arguments which, as they put it, 'by way of agreed premisses, reveal by deduction an unclear conclusion'. Logical form is studied in the service of representing our claims to knowledge, in this case the way we claim to reach knowledge of 'unclear' or theoretical matters by way of what we can agree on in our experience.

Epicurus and his school affected to despise formal logic as a trivial waste of time. But they also spent energy on studying what were called 'signs' on the basis of which we make inferences from what we experience to matters that are beyond our own experience; so they engaged other schools in discussion about logic to some extent.

Students of philosophy in the ancient world could (unless they were Epicureans) expect to study both Aristotelian and Stoic logic, which were seen as complementary, although there could be disputes as to which was the more important. By historical accident, Stoic logic was lost, along with much early Stoicism, at the end of antiquity, whereas Aristotle's logic not only survived but became regarded as all there was to logic. It was elaborated in the Middle Ages, regarded as complete by Kant and dislodged from its place in the syllabus only by the rediscovery of propositional logic by Frege and Russell at the beginning of the twentieth century.

Nature and science

The third part of the philosophical curriculum, 'physics', no longer sounds as though it even belongs to philosophy. This is partly because of our narrowing of a term which originally meant the study of *nature* or *phusis*. Nature is just everything that there is, or the world (including humans, who are part of the world). Hence the study of nature can cover a number of very different things, and 'physics' covers a range of enquiries which for us have got segregated into different subject-matters and taught in very different ways.

One type of enquiry seeks explanations for the puzzling things we see around us and are exposed to. What explains the regularities of the sun and the moon? What brings about the seasons, so crucial for farmers? Why are there hurricanes, earthquakes, eclipses? In the ancient world these were regarded as issues which were part of the study of nature as philosophers undertook that. As philosophy developed, however, and especially after Aristotle, these questions lost much of their interest, since there were numbers of theories about them, but no decisive ways of deciding between these, and so no convincing way of showing any given answer to be correct. They became regarded as suitable material for dinner-party discussion rather than live philosophical questions. In the modern world, of course, the advances of science, whatever their other drawbacks, have provided us with firm answers to questions like these. They no longer seem remotely philosophical, and ancient discussions of them are often put into the history of science.

The study of nature narrowed in another way also, especially in the period after Aristotle, with the development of bodies of scientific knowledge separate from philosophy. Medicine, though crude by modern standards, developed as a specialized science, with differing schools. It was the mathematical sciences, however, which made the greatest strides, with Euclid's *Elements* a high point. Archimedes was not only a great mathematician, but developed astronomy and also applied branches like engineering. Historians of science sometimes lament the fact that sophisticated technical ideas were applied in trivial ways; Heron of Alexandria describes a machine for making figures mechanically pour libations on an altar. But basic facts about the ancient economies precluded anything like the development of our industrial technology. Whether we are obviously the winners here is another matter.

Physics and metaphysics

The study of nature, or 'physics' in the ancient sense, however, covered more than what became narrow scientific enquiries. From the beginning, 'nature' could be used for 'what there is', everything that there is to be studied. Hence much of ancient 'physics' is so broad as to correspond to what we think of as metaphysics. Is change a necessary feature of our world? What is change, anyway? In the world around us, what are the real entities, the things that are basic to a true view of the way the world *really* is? Are living things, like animals and humans, such basic entities? They seem to be the subjects of changes, the things changes happen to. But if what is real is the subject of change, then perhaps in looking for what is real we should not stop with the living things, but look for whatever it is which in them is the subject of change. Perhaps this is the material they are made out of. Issues like this are central to the philosophical enquiries of many of the so-called Presocratics and of Aristotle, who engaged with their ideas and is our major source for many of them. They are not part of modern science, but of more abstract philosophical enquiries, generally called metaphysical. Often the dividing-line between Aristotle's 'physics' and his 'metaphysics' is a thin one.

Such questions were thought to arise naturally in the context of a general view of the world as a whole. Given the less ambitious scope of modern metaphysics, they are often studied in relative isolation. Thus we tend to see Plato's 'theory of Forms', for example, as a metaphysical theory that has nothing to do with what we think of as physics or the study of nature. In the ancient world, however, it was mostly seen as one aspect of Plato's 'physics' or theory of the world, which was primarily studied in the *Timaeus*, a dialogue not very popular today which contains Plato's cosmology or account of the universe and its structure.

Plato's 'theory of Forms'

Plato has no explicit theory of Forms. In some dialogues, especially *Phaedo*, *Republic*, *Symposium*, *Phaedrus*, and *Timaeus*, there are passages, some with argument and others more expressive and metaphorical, which introduce in various ways items we usually call Forms, but for which Plato never develops a standard terminology.

In contrast to the things in our experience which are beautiful,

Plato introduces the idea of the 'beautiful itself', which is beautiful in a way not relative to context or time or perspective. Unlike all the beautiful things and people in our experience, the beautiful itself is never not beautiful. This idea is developed with value terms like *beautiful*, *just*, and *good*, and with mathematical terms like *double* and *half*. It is notoriously unclear how Plato's arguments could be extended beyond terms with opposites. Despite a widely misinterpreted passage in the *Republic*, Plato does not think that there is a Form for every general term; Forms are not what came to be called universals. There is a Form only where there is an objective nature that can be known by being intellectually grasped; Forms are always associated with using your mind to reason, as opposed to relying uncritically on your sense experience. The most famous passages about Forms stress this contrast between the mindless assumption that what experience impresses on you is just what there is, and the critical use of reason to grasp realities, the Forms, that are accessible only to the enquiring mind.

In the dialogue *Parmenides* Plato shows that he is aware of apparent inconsistencies in what he has said about Forms. The right response, however, he holds, is not to abandon Forms but to continue to argue on both sides until a defensible position is reached. He continued in this spirit, never successfully producing a definitive theory of Forms. Later philosophers have often simplified the issues, but Aristotle and late twentieth century philosophers have explored the different arguments Plato employs for and against the existence of Forms.

What you studied as 'physics' or metaphysics in the ancient world would depend a great deal on what tradition of philosophy you primarily belonged to. Epicureans, for example, held that physical and metaphysical questions mattered only to the extent that getting the answers to them wrong led us to be disturbed and unhappy; getting interested in them for their own sake was a misuse of time that would be better employed learning more directly how to live well. The Stoics thought it important to get right the major metaphysical points about the world: it is governed by providence, and a rational appreciation of it will discern how everything in it is for the best. But they were not much more interested than the Epicureans in getting the details right for their own sake.

Aristotle on nature

Among ancient philosophies it is the Aristotelian tradition which has the broadest and most generous conception of what the study of nature is. Aristotle had the reputation of being the philosopher most interested in causes and explanations. And, although his account of nature is not one that we, with our modern scientific knowledge, can still accept, we can still appreciate the main lines of it as embodying a response to our world which is highly worthy of respect.

For Aristotle, nature is the world made up of things that have natures. What is it to have a nature? It is to be a thing which has a source internal to itself of changing and being changed. We can understand what a lion is only by looking at lions themselves and at the way they interact with their environment and other species. To understand an artefact like a shield, by contrast, we have to appeal to something external to the shield itself – the designs of humans that made it. Things with natures are primarily living things, such as plants and animals, including humans. For Aristotle, then, nature is, right from the start, not just whatever happens, the undifferentiated totality of what there is (as it is for Mill and others from the nineteenth century on). Nature is already a world of things that organize themselves and live characteristic lives, and to understand nature is to come to understand what kind of lives these are. Nature is active, a system of living and changing things. There is no hint in Aristotle of the view, notorious in many scientists since the early modern period, that nature is passive, lying out there to be mastered by the scientific mind.

Still less is there the even more notorious idea that nature is there for us to exploit. For Aristotle, skill and expertise take further what nature has begun. He is thinking of farmers who breed grasses to produce food crops, and of cooking as a process of predigestion to enable us to consume otherwise inedible foods. It never occurs to him to think of technology as invasive of nature. (Doubtless this is partly because he is not aware of any technology sophisticated enough to do this.) Nor does it occur to him that human activities might upset nature's established balances. Humans hunt and eat animals and fish in the way these hunt one another and eat plants; it is all part of a self-regulating system. Many of Aristotle's ideas are, tragically, bound to sound quaint in our world, where humans have intervened disastrously in the workings of nature, wrecking ecosystems and exterminating species. For Aristotle the species, including humans, have always been there and always will be; what we want is to understand how they all fit in overall. That is why, in a famous passage, he defends the study of the 'lower' animals and how they work as being as worthy a human study as the grander study of the heavenly bodies. 'For in all natural things there is something wonderful.'

For Aristotle, we want to understand nature, including ourselves as parts of nature, because it is natural for humans to want to understand things. Isn't this circular, though? Yes, but the circularity does not matter. Aristotle's theories are naturalistic in the modern sense; they accept that the processes by which we come to understand nature are themselves a part of nature. They are not something mysteriously exempt from the conditions they study. Philosophy, including the study of nature, begins in wonder; we are puzzled and interested by what we find around us, and do not feel satisfied until we have adequate explanations for it. The search for explanation thus does not point beyond itself; for Aristotle it would be beside the point, as well as

Aristotle's 'four causes'

Aristotle insists, against what he sees as the narrowness of previous philosophers, that there are four 'causes' which the enquirer into nature should make use of. What he has in mind is the different ways in which we explain natural processes and things, and he is insisting that there is not just one type of explanation, but many, which do not exclude one another. Aristotle's theory, though, is about the way the world is and not just the way we explain it; the four so-called 'causes' are different kinds of item which figure in what he thinks are the four fundamental types of explanation of nature.

One is the material cause or matter, the physical make-up of the thing, which puts considerable restrictions on what it can be and do. The second is the form. Aristotle gives examples of artefacts where the form is the shape, but in the case of a living thing the form is more complex: it is, very roughly, the way of being alive which defines that kind of thing. The form of an oak tree is whatever it is which explains why the tree lives and grows *as an oak* – from acorns, for example, and only in certain climates. Thirdly is the moving cause, the item initiating a change. Fourthly is the final cause or end, what the thing or process is for, something that has to be cited in showing how it functions.

Modern theories of causality have very different aims and assumptions, and would count only Aristotle's moving cause as a cause (and only with qualifications).

foolish, for us to try to understand nature in order to exploit it for our own ends. Hence, although different methods are appropriate for studying different areas of nature, we are puzzled, and seek explanations, in our own case in the same way as happens with other living and non-living things.

Explaining is finding out *why* things are as they are, and for Aristotle there are four basic ways of doing this, his so-called 'four causes', which appeal to what he calls form, matter, the moving cause, and the final cause, what the thing is for.

Teleology without design

Aristotle is aware that his demand for teleological explanations, explanations in terms of final causes or what something is for, is contentious. He knows of previous thinkers who held that there are no goals in nature, and that we and the world around us are the contingent products of random events. Animals' teeth, for example, were held by some to be the product of random combinations of material, some of which turned out to be suited to animals' needs while others were not.

Aristotle, as often, does not think that this story is *completely* wrong; we do need the right kind of physical embodiment. But on its own it is inadequate to explain why we *always* (or nearly always) find that animals are well adapted to the lives they lead, and that their parts are formed in a way which performs the appropriate function. Teeth, for example: we find the sharp incisors at the front of the mouth, for tearing, and the blunt molars at the back, for chewing. We always find this, because it is a good arrangement for the animal. Unless something has gone wrong, we don't find animals struggling with bad arrangements (molars at the front, for example). Random happenings, Aristotle thinks, are quite inadequate as an explanation of how we get to the universal well-adaptedness to environments and lifestyles that we find among animals. Thus, he concludes, our explanations have to include what the thing is for. Aristotle does not think that this is always appropriate: there is nothing, for example, that horses or camels are for. The level of explanation that concerns him is that of the parts of animals. Hearts, for example, are for pumping out the blood to the rest of the body; blood, in turn, is for carrying nutriment to the body.

Aristotle's is an especially interesting position, because we can now appreciate both that he is wrong, and that at the time he had the better of the argument. In the absence of any plausible mechanism for getting to (almost) universal well-adaptedness from random happenings, as well as the absence of any idea of geological time, Aristotle is right in thinking that present well-adaptedness cannot be accounted for merely by random happenings. After Darwin's work, we can see why we are not compelled to an Aristotelian view by the kind of consideration that Aristotle stresses.

Aristotle's teleological approach is the source of his most sympathetic insights. In plants, he comments, the roots have the function that the head has in animals; but we should not think of plants as growing upside down, since what is up and what down depends on the kind of thing we are talking about. Crabs are the only animals which move sideways; but in a sense they are moving forwards, since their eyes are so positioned that they can see where they are going. In these and many other cases Aristotle frees himself from human ways of thinking of things like nutrition and movement to observe how well the species functions from its own point of view.

Aristotle's thoughts about teleology have nothing to do with the idea that purposes in nature are the product of design – indeed, for him this would be inappropriate projection of human concerns onto nature, shaping nature in our image in an absurdly pretentious way. But Aristotle's was not the only version of teleology available in the ancient world.

Teleology with design

In his dialogue *Timaeus*, Plato presents an account of the universe as created by God, who is a craftsman and who produces our universe in the way that a craft worker creates an artefact, by imposing form and order on materials which are more or less satisfactory for the task. Plato holds that the materials available to God for making the world are inherently unsatisfactory and perhaps even refractory, since our world is created to a good plan, but contains failure and evil.

It is uncertain, and was much discussed in the ancient world, whether Plato had in mind an actual creation or was merely giving an analysis of the ways things are, but certainly the overall picture is one in which our world is not just created, but created to carry out an intellectual design on the part of a creator. Moreover, not merely the general principles of cosmology, but some quite specific details, particularly concerning humans, are explained in terms of overall design. The fact that humans walk upright, and have roughly spherical heads, is explained by reference to our being rational in a way that other animals are not; the explanations, as we might expect, are extremely fanciful.

The *Timaeus*, however, presents itself not as serious cosmology but merely as a 'likely story', an example of the kind of account that Plato thinks is the right one to give; it is poetic and grandiose in style. And the account it gives is also very openly 'top-down', working through the consequences of a few very general principles; Plato shows no interest in satisfying the observations we make in our experience, or in making any himself.

The Stoics picked up on Plato's account of the world as the creation of a designer God, and developed it, though in a somewhat different direction. Their conception of God is different; for them God is to be thought of not as a creator of the world, but in a more impersonal way. God is simply the rational organization of the world, and so should not be thought of on the model of a person (though the Stoics allow that popular religion, which accepts several gods, is a dim grasp of the idea that the world is structured by reason and intelligence).

The Stoics therefore take a different tack from Plato's appeal to the idea that God is like a craftsman. They appeal to evidence in the world that suggests that it is the product of design and rational ordering. They reject the idea that the world is the product of random events and forces, on the grounds that it is implausible – like, they say, the idea that random distribution of letters of the alphabet could produce a poem. (Note that this argument is different from Aristotle's; he denies that random events could produce regular well-adaptedness, whereas the Stoics deny that random events could produce good design.)

Some of their arguments for design in the world appeal to the sheer complexity of natural objects. Suppose, one argument goes, that a complicated mechanism like a clock were shown to people unfamiliar with it; they would still recognize it as the product of a rational being. Hence, natural objects, which display a greater complexity and suitability for their function than artefacts, must be the product of reason – clearly a reason greater than ours, one embodied in the universe as a whole. (This is strikingly similar to the 'argument from design' common among Christian thinkers before Darwin.)

Other arguments appeal to the complexity of the world's organization, seen as a huge ecosystem in which all the parts are mutually interdependent. The Stoics also appeal to the way that animals are well-suited to their environments and mutual interrelations, but they are not interested in these for their own sakes, merely for the indication they give that the world is a well-organized whole.

Thinking of the world as designed, the Stoics often compare it to a house or a city, and since these are obviously designed for the sake of their inhabitants, this makes prominent the point that for the Stoics the world is rationally designed for the obvious beneficiaries, namely rational beings – that is, gods and humans. As far as humans are concerned, therefore, the rest of the world – plants and animals – is designed for our benefit. This leads the Stoics to a very anthropocentric view of the world, in which grain, olives and vines are for us to consume, sheep for clothing us with their fleeces, oxen for pulling our ploughs and so forth. Such a world-view is almost guaranteed to kill the curiosity about nature's wonders that we find in Aristotle, and it leads to an exploitative attitude to the rest of the natural world, a strikingly ugly contrast to the humanitarian attitude we find in Stoic thought to all humans, whatever their social roles.

No teleology?

Epicurus alone among the ancient schools denies that in nature we find any teleological explanations. Nothing in nature is *for* anything, neither the world as a whole nor anything in it.

Positively, Epicurus asserts that our world, and in the course of time infinitely many worlds, have grown up as a result of random collisions of atoms in empty space. This is, he claims, a sufficient explanation, given enough time. We have seen that given the state of other beliefs about the world in ancient culture (for example the absence of any indication of the real age of the world), Epicurus' position here was bound to seem weaker than it does to us, and one reason that one or other form of teleology was so common in ancient thought was just the implausibility of the alternative.

Epicurus also argues against the opposition, and here appeals to the idea that an unbiased view of our world does not make it look like the product of design, or at any rate of a very good design. Most of the world is not habitable by humans, for example; human attempts to survive are constantly threatened by the unpredictability of natural factors (droughts, hurricanes and so on) and by hostile environments and other species that render human life a struggle. Humans, with their helpless babyhood and lack of natural weapons, do not seem particularly well-adapted to compete for survival with other species. And so on.

Epicurus' arguments are effective only against the view that the world was providentially designed for the benefit of humans. Even so, there are responses: perhaps the problems humans encounter are due to the fact that rational design in the universe has only inferior materials to order. And Epicurus never really meets the point that with no appeal to any kind of purpose in nature he has a hard time explaining how random collisions of atoms result in the *regular* well-adaptedness of species to their environments.

Ancient theories and the modern world

The legacy of these ancient disputes became greatly simplified. Already in the ancient world both Jews and Christians found Plato's *Timaeus* acceptable as a philosophical explication of the creation story in *Genesis*. This is not surprising, since the Judaeo-Christian God is the creator of the world, and designed it so as to be good. Moreover, humans have a privileged place in it. In the Middle Ages the view that prevailed was the design view: everything in the world, including us (indeed especially us) was created to fulfil its place in the world, which is to be found in God's design for it. Humans are the special beneficiaries of this plan, and the rest of creation is designed for us to put to our use.

In the Middle Ages, when Aristotle's views were rediscovered, they were fitted into the design view, since they were fitted into a theological framework in which the world is the creation of a designer God. Aristotle's own more subtle position was not appreciated; the only alternatives were seen as being that the world is the result of divine design or that it is the product of mere random happenings. The latter view was not taken seriously until the Renaissance, when Epicurus' views again became influential and inspired some philosophers to reject the entire medieval world-view.

This world-view included, and indeed had itself largely come to be formed by, the philosophy of Aristotle. But that itself had become greatly altered in the process. Aristotle's view of nature, including his ideas about ends in nature, had become part of a large theological system. In the process, his own tentative and co-operative methodology was forgotten as his ideas were hardened into a system, increasingly seen as a complete and all-inclusive system, with answers to everything. The medieval poet Dante calls Aristotle 'the master of those who know' – in other words, the great know-it-all, something very different in spirit from Aristotle's own enquiry in a spirit of curiosity and wonder.

The new learning of the Renaissance replaced the system of Aristotelianism, but because this had become deeply entrenched in the universities it hung on for surprisingly long, and became associated with self-protective and reactionary rejection of new kinds of thinking. A similar phenomenon happened with Aristotle's ethical and political thought, which was elevated to a central place by the Roman Catholic Church. This rigidification of Aristotle's thinking has led to equally unsubtle rejections of his ideas, and to refusal to engage with them in detail. In periods when Aristotle was regarded as The Great Authority, intelligent thinkers have often rejected that authority, while Aristotle's own attitude has been lost. Because Aristotle's own works are quite difficult to read, hostile attitudes to his ideas get passed on from book to book, and get accepted by people who have never actually engaged with him as a philosopher. Even today, it is quite common to find sometimes paranoid hostility to Aristotle on the part of people who have never read more than a few quotations pulled out of context and who think of him simply as an authority to be rejected.

This is an extreme example of the way in which ideas from ancient

Aristotle and authority

'The investigation of the truth is in one way hard, in another easy. An indication of this is found in the fact that no one is able to attain the truth adequately, while, on the other hand, no one fails entirely, but every one says something true about the nature of things, and while individually they contribute little or nothing to the truth, by the union of all a considerable amount is amassed. Therefore, since the truth seems to be like the proverbial barn door, which no one can fail to hit, in this way it is easy, but the fact that we can have a whole truth and not the particular part we aim at shows the difficulty of it . . . It is just that we should be grateful, not only to those whose opinions we may share, but also to those who have expressed more superficial views; for these also contributed something, by developing before us the powers of thought.'

Aristotle, *Metaphysics*, Book 2, Chapter 1

'When a Schoolman tells me *Aristotle hath said it*, all I conceive he means by it, is to dispose me to embrace his opinion with the deference and submission which custom has annexed to that name. And this effect may be so instantly produced in the minds of those who are accustomed to resign their judgement to the authority of that philosopher, as it is impossible any idea either of his person, writings or reputation should go before. So close and immediate a connexion may custom establish, betwixt the very word *Aristotle* and the motions of assent and reverence in the minds of some men.'

Bishop George Berkeley

philosophy can get used and reconfigured by subsequent traditions, in a way which pulls them out of their original context of argument. Sometimes this can be invigorating, and produce a new and fruitful

6. Aristotle, portrayed as serious and studious

engagement, as happened when Plato's *Republic* became a political text in the nineteenth century (see Chapter 2) and with Aristotle for much of the Middle Ages. But if the interpretative tradition goes on too long (especially without serious competition) and gets too rigid and institutionalized, the result can become stultifying, and can end with hostile unthinking rejection. And this makes it harder to get back to the original and engage with it from our own perspective.

Chapter 6
When did it all begin? (and what is it anyway?)

Many people have turned expectantly to the beginnings of Greek philosophy, only to find that the first philosopher they meet, Thales in the sixth century BC, held, apparently, that 'everything is water'. Anyone teaching ancient philosophy has to cope with the bafflement that this discovery tends to produce. It is an odd beginning to a philosophical tradition. Yet *something* happens in the sixth century, later to acquire the name *philosophia* or love of wisdom, which we can recognize as philosophical. What exactly is it?

It is in keeping with what we have seen of the varied and disputatious nature of ancient philosophy that this question is quite hard to answer. There is little that non-trivially unites philosophers from Thales to the end of antiquity. There is a tradition, but a mixed and contested one.

In view of the great cultural prestige of Greek philosophy, it has at times been resented, and sometimes groups that have felt themselves culturally marginalized by it have claimed that Greek philosophy is nothing new at all, but just a tradition taken over without acknowledgement – usually, it is claimed, from the group in question. The early Church fathers held that the pagan philosophers stole their ideas from the Jewish scriptures. Afrocentric writers in the twentieth century have made the same claim for Egyptian mystery religion. These claims, however, are historically non-starters.

Differing views on the Greeks' originality

'What provokes admiration is the mental vigour and independence with which these people sought after coherent systems and did not shrink from following their lines of thought to astonishing conclusions. It may well be that contact with oriental cosmology and theology helped to liberate their imagination; it certainly gave them many suggestive ideas. But they taught themselves to reason. Philosophy as we understand it is a Greek idea.'

Martin West, 1986

'What is Plato but Moses writing in Greek?'

Numenius of Apamea (second century AD).

'We should not be surprised to say that the Greeks are capable of filching the beliefs of the Jews, given that they have not only plundered their other sciences from the Egyptians and Chaldaeans and other foreign nations, but even now can be caught robbing one another of their literary reputations . . .

'It is reasonable to think that the Greeks, who contributed nothing of their own in wisdom (only verbal facility and fluency) and filched everything from foreigners, should also have been aware of the sayings of the Jews and laid hands on these in turn . . . Not just my words but their own establish them as thieves . . .'

Eusebius, bishop of Caesarea (AD c.260–339)

The Greeks themselves did not think that philosophy was original with them; they thought of it as coming from a variety of sources outside Greece, usually Eastern. But then, they did not value originality as such very highly, and they certainly did think that philosophy was something that they did distinctively and well. And indeed, when we read the fragments even of an author as elusive as Thales we can see an interesting and distinctive way of thinking emerging.

A tradition of reasoning?

What makes it philosophical? Usually this is characterized as explicit appeal to *reason* and *argument*. Stated as generally as this, the claim is undoubtedly true. Philosophers are distinguished by arguing for their conclusions and against other philosophers' conclusions, and by demanding reasons for others' claims and giving reasons for their own. But while this may mark philosophy off from poetry and the like, it does not give us a very determinate way of proceeding, or of marking philosophy off from other intellectual endeavours. There are many kinds of reason and argument – which is to count? When we look at the different kinds of project that the Presocratics produced, we are hard put to find a single kind of reasoning at work, or a demand for a single kind of argument.

The first Presocratics, Thales, Anaximander, and Anaximenes – from Miletus in Asia Minor – were concerned to provide cosmologies, reasoned accounts of the world we live in. As Aristotle acutely saw, they focused on what he called the material cause – the question of what our world is composed of. This is the question to which we find answers in terms of water, air and 'the boundless'. These answers show a very striking degree of simplicity and economy, and bring with them explanations of a wide variety of puzzling physical phenomena. Because of this, these philosophers have at times been seen as precursors of science, with its explanatory hypotheses. It is clear, however, that there is little in these very speculative theories that can be usefully compared with any precise concept of scientific enquiry. A just account has to see these Presocratic figures as transitional, with an intellectual impulse to render our world

7. A late representation of Anaximander with a sundial he is credited with inventing

explicable which has much in common with later philosophy and science.

Other Presocratics are anything but scientific. Heraclitus of Ephesus writes in aphorisms of notorious obscurity, uniting an account of the world as fire with concern for the individual's self-knowledge. His account of both appeals to reason (*logos*), both your individual reason and the big Reason in the universe that your reason should try to conform to; yet there is little reason or argument to convince us of this. Xenophanes of Colophon uses reason and argument to undermine naive

A new way of thinking?

'My aim has been to show that a new thing came into the world with the early Ionian teachers – the thing we call science . . . It is quite wrong to look for the origins of Ionian science in mythological ideas of any kind . . . It is to these men we owe the conception of an exact science which should ultimately take in the whole world as its object.'

John Burnet, 1892

'I have tried to show how the philosopher retains his prophetic character. He relies for his vision of divinity and of the real nature of things on the assumed identity of his own reason with a portion of the cosmic consciousness . . . The intuitive reason replaces that supernormal faculty which had formerly been active in dreams and prophetic visions; the supernatural becomes the metaphysical . . . It would have been a miracle if the wise men of the sixth century . . . should have swept their minds clean of all mythical preconceptions.'

Francis Cornford, 1952

beliefs about the gods. In him we see clearly for the first time reason being used to fault and replace ordinary beliefs by something the philosopher argues to be more rationally adequate. Anthropomorphic views of God are shown to be defective in a convincing way: every people, Xenophanes says, makes gods in their own image (and so would animals, if they could). But his allegedly more rationally adequate conception of God is so peculiar – God seems to be a kind of sphere – that the issue is bound to arise of what the authority is of the reasoning that overthrows our beliefs and gets us to this point.

This question arises extremely sharply for Parmenides and Zeno of Elea, authors of some of the most notorious arguments in antiquity. Parmenides produced an abstract argument to a conclusion that nobody could accept: namely, that there is really only one object we can think of or refer to, which cannot without absurdity be said to be pluralized, qualified or divided. Thus our experience of a varied and changing plurality of objects is totally misleading. Zeno produced many arguments reducing to absurdity our everyday assumptions about plurality and change. The problem here is that the arguments are hard to fault, but the conclusions cannot be accepted. This creates a discomfort about reasoned argument: what do we do when its results conflict with our beliefs?

Responses to this differ. Some thinkers continue to produce big explanatory theories of the world, taking on board the point that their theories undermine common-sense beliefs. Anaxagoras of Clazomenae tells us that 'the Greeks are mistaken' in saying that things come into and go out of existence; in terms of his theory what emerges was there already. Similarly Empedocles of Acragas and the Atomists Leucippus and Democritus of Abdera produce theories which revise our common-sense beliefs about reality and change in accordance with their own hypotheses. None of them doubts that their reasoning has the power to do this. None of them deals adequately with the question of how we get to their theories from the beliefs we all start with – indeed Democritus recognizes a problem in that we get from our experience to the deliverances of reason, which then devalues our experience.

Other thinkers, however, including some of the sophists, fasten on the point that there is something suspicious about the way that philosophical reasoning leads by arguments that you can't fault to conclusions that you can't accept. Cleverness in argument becomes something to be feared and envied, and seen as a technique in its own right. Seen this way, there is little distinguishing philosophical reasoning from the amoral cleverness of the effective speaker in politics or the law courts.

This situation can reasonably be seen as rather a mess, and goes some way to explain why these philosophers have come to be called 'Presocratics', implying that Socrates is the crucial reference point. Whatever their individual accomplishments, they do not clearly belong within a unified tradition in which reasoning has a clear philosophical role. That begins with Socrates.

Reason and understanding

At first sight, as we have seen in Chapter 4, Socrates seems an unlikely figure to characterize the philosophical tradition. He is the perpetual amateur, who refuses to do any of the things which philosophers of his time did. Moreover, he utterly despises all these things – producing theories of the world, giving displays of oratory, winning debates – as being a pretentious waste of everybody's time. So what made him such a founding philosophical figure?

Socrates, as we have seen, argued against the views of others, showing them by their inability to withstand his arguments that they lacked understanding of what they were talking about. To have understanding of something, it emerged, you have to be able to 'give an account' of it, where this means giving reasons, and ultimately a rational account of what the subject in question is. But this will not be possible until you have rigorously asked yourself what reasons there are for the belief you hold. Thus, when you ask someone what reasons they have for what they say, you can show that they lack understanding if they have none, or have reasons that are confused or inconsistent. But, particularly if you are good at this sort of questioning (as Socrates undoubtedly was), you will realize that the same applies to you; you may have developed views, but you cannot be said to understand them, and hence have the right to put them forward authoritatively, unless you can withstand the challenges of others by giving reasons for them.

From Socrates on, reasoned argument is the lifeblood of philosophy because it is only in the give and take of argument that we achieve understanding of the positions we hold and want to put forward to others. (Understanding, as we have seen, is a kind of knowledge, and we can know only the truth; hence philosophy can also be characterized as the search for truth.) Hence the emphasis on reasoning and arguing that we find in all schools of philosophy. Now we find emerging a clear sense of *philosophical* reason and argument, distinguished from merely arguing others down and linked to the search for truth and understanding.

From the outside, then as now, all the arguing can seem aggressive and unattractive, and to those with no gift for philosophy it can seem pointless. (There is a story of a Roman bureaucrat who summoned all the Athenian philosophers and offered conflict mediation so as finally to settle all their disputes.) But from now on the importance in philosophy of reasoned argument lies in its crucial role for understanding. Figures who dismiss argument – like the Pythagoreans, who reverence their Master and want only to treasure his words – are always seen as philosophically marginal. And Epicurus' relative de-emphasis of argument led to criticism by other philosophical schools.

Philosophy as a subject

Plato has a claim to be the first philosopher to establish philosophy as a subject. He did so by taking over from Socrates two elements: argument as crucial for understanding, and positive views on a variety of matters. Plato added three other important elements. One is system, a variety of ideas seen as holding together. A second is seeing philosophy as self-consciously demarcated from other ways of thinking. And a third is the institutionalization of philosophy as a subject for study.

In the ancient world Plato was seen as a pivotal figure, the first philosopher who was concerned to systematize his ideas and thus to hold views on a wide variety of topics as holding together in a mutually supportive way. It is unclear whether it is quite fair to see Plato as the pioneer here – Democritus the Atomist also had views on a range of topics – but Plato is certainly the first to do it whose works we have. Later writers ascribed to Plato the honour of being the first to see philosophy as a system of ideas with three parts – logic, ethics and physics. This is anachronistic, but it is true that Plato held positions over most of the range that later thinkers were to cover.

Plato does not tell us how his positive systematic ideas relate to the need for understanding to be grounded by argument. But he shows us clearly enough, in writing dialogues in which he is personally never a speaker, thus detaching himself from the positions put forward, that what matters is not just having the right position, but holding it in the right way – understanding it on the basis of reasoned argument. For it is up to the reader to think about the positions put forward and test her own understanding of them. Plato, even where it is clear that he believes a position strongly, never puts it forward authoritatively. If the reader accepts it on Plato's authority, she is missing something crucial. It has to be tested and argued for before she understands it.

Plato's legacy has been a divided one. His own school, the Academy, for most of its life took philosophizing in Plato's way to be arguing against the views of contemporaries *ad hominem*, without commitment to a position of your own. It was not till after the end of the school, in the first century BC, that philosophers started to study and promote Plato's own ideas as a system. Interpretations of Plato perpetually risk overstressing one side at the expense of the other – seeing him as throwing the argument over to us, and seeing him as passionately concerned to put forward certain positions.

It is modern rather than ancient interpreters who have stressed Plato's evident desire to establish philosophy as a *distinct* way of thinking.

When he has Socrates tell us at the end of the *Republic* that there is an old quarrel between poetry (or literature more generally) and philosophy, he seems to be projecting his own view back. For one of the most striking things about Plato is the way that he is willing to use his own brilliant literary gifts to establish that philosophy is crucially about 'dialectic', sheer argument which does not rely on rhetorical or literary skill. Philosophy, he keeps insisting, is just for this reason *different* from what other people, such as orators, poets and sophists do.

Whatever the tensions this produces in Plato's own work, one of his lessons was well learned. Later philosophy develops for itself a professional style: straightforward, transparent, relying only on the force of rational argument. Unsurprisingly, this is often unattractive to ordinary readers, and we find that a gulf comes about between easier, more literary works written for the general public and 'real' philosophy, written in an uncompromisingly professional and technical way.

This gulf is also strengthened by philosophy's institutionalization. We know almost no detail about the organization of Plato's school, the Academy, though in every age philosophers have interpreted it on the model of their own university or college. But it was something new, a philosophical school, to which young men like Aristotle came to study philosophy. They probably learned Plato's ideas; they also learned how to argue. When, later in life, Aristotle set up his own philosophical school, this was seen by some as an uppity gesture, but it established the pattern whereby an original philosopher would set up his own school, finding pupils and disciples who would learn, further and spread his ideas. Hence Plato's philosophy and Aristotle's philosophy came to have a history in their own schools; they became objects of study to other philosophers.

Once we get schools of philosophy – the Stoic and Epicurean schools getting established on similar principles – we can see the activity of ancient philosophers as astonishingly like the activity of modern philosophers. Although Plato, who was rich, refused to take fees for teaching, payment by pupils soon became a necessary feature of the system. Young men (and occasionally young women) would join a philosophical school as part of their education. (Or they might have a trained philosopher as a tutor at home.) They were educated to understand and appreciate important philosophical ideas, many of which were already part of their cultural heritage. In the schools, they were also trained in argument, acquiring abilities which had more practical application when they left, in politics and law, for example. Those most gifted at philosophy, and committed to it, would stay and become part of the school's permanent philosophical community. This does not sound so unlike the picture of philosophy teaching in universities today. (Or rather, in the less rigid university system that existed before degrees and grades came to be important as credentials.) This idea of philosophy as a kind of university education continued on until late in the ancient world, throughout vast political and cultural changes.

The similarity extends to many of the specific ways in which philosophy was carried on. We find philosophers writing treatises and essays, and also books of arguments against other philosophers' treatises and essays. We find commentaries on texts of past philosophers, especially Plato and Aristotle. We find controversies within a school, for example as to which of two contemporaries has got Epicurus right. We also find extensive arguments against other contemporary schools. In their style and purpose many of these works are quite like modern philosophy journal articles and books. Indeed, modern philosophy students can find it easier to relate to works of this kind, the products of philosophical professionalism, than to Plato's dialogues, which are in form unlike any modern kind of philosophical writing.

Philosophy after Plato is, then, the history of philosophical schools (with two exceptions, to which we shall return). There is an interesting shadow side to it – a running complaint till the end of antiquity about bogus philosophers, who use philosophy's prestige to further their private agenda, whether money or reputation. The bogus philosopher, high-minded in class and money-grubbing outside it, is a stock figure of ridicule. This brings home the fact that in the ancient world philosophy was taken to offer people not only intellectual challenge but also practical help in living a better life and finding answers to the search for the meaning of life. Philosophers were expected not only to convey intellectual skills but also to provide in their own persons examples of the search for living well. Nowadays we are more likely to seek the latter in religion, or in less intellectual pursuits. Ancient philosophers did not offer just one subject among many, but a subject that was uniquely close to the hearts of their audience.

A diverse range of schools

Although Aristotle was Plato's pupil, in some ways his is the least representative of the schools which formed after the Academy. This is because of Aristotle's own huge range of interests. He studied, furthered or invented a wide range of subjects, from literary theory to logic, from economics to biology. The works he left behind are vast, some of them theoretical treatises and others more like records of research. In this respect Aristotle's school differs from the philosophical schools that come after him, which had narrower interests.

The Stoics' school began, as the earlier ones had, in a public place; Epicurus was unusual in holding his school in a private residence, the Garden. And Epicurus was unusual also in requiring his views to be held deferentially and memorized. But before very long the Epicurean school and its offshoots in other places were doing very similar things to the Stoics and other schools – arguing and counter-arguing, commenting on founding texts, generally continuing the philosophical activity of the founders. Every generation of students needs to learn afresh and understand philosophical positions for themselves, and hence even philosophical schools dedicated to teaching the thought of the founders will develop philosophically in the give and take of philosophical interpretation. Moreover, with changing political and social circumstances new issues had to be dealt with and new challenges met. When the Romans became rulers of the Mediterranean, for example, Greek intellectuals started educating unintellectual Romans.

From the first century BC we find that the continuing debates between the schools give rise to some schools which are hybrids, or 'eclectic' – combining positions from different schools to form a new stance. One who was influential in his day was Antiochus, who thought that the core

8. Philosophers discussing and arguing together

views of Plato, Aristotle and the Stoics on a number of issues were compatible, and that the differences had been overplayed. Histories of philosophy tend to rank these schools lower in interest than those founded by more original thinkers. But we can sympathize with their position. Once philosophy has formed a teaching tradition, it can well seem foolish to seek originality at all costs, and sounder to argue from and build on what are already going positions. This is what most philosophers do today, so we should pause before turning up our noses at it.

In the late Roman republic and early Empire, ancient philosophy arguably had a heyday. There were no more great original thinkers, but a variety of philosophical schools flourished and interacted. A serious student would have widespread opportunities to learn and think about the ideas of a variety of philosophical schools spread throughout the Roman Empire. (By this time Athens had lost its previous dominance as a centre of philosophy, which it had held from Plato to the first century BC, and cities like Alexandria and Rome itself were as important intellectually.) Philosophy was familiar and accessible to educated people throughout the Empire. It has seldom been the case that so rich and varied an intellectual tradition has been so culturally widespread and so important to many people. Until the end of antiquity the only significant new school was a third century AD reformulation of an old one – Plotinus' rethinking of Plato's ideas in a new and original synthesis, giving rise to the school we call Neoplatonism, one which flourished in later centuries.

In the mix were two philosophical movements mentioned earlier, which were anti-schools rather than schools.

The first of these movements is Pyrrhonian scepticism, which, as we saw in Chapter 4, was a breakaway movement from the scepticism of Plato's Academy. Pyrrhonism is perfectly viable as a methodology, and as such can be systematized, rather as we find it in our main source, Sextus

Empiricus. But in its own terms it is self-defeating for a Pyrrhonist to set up as an authority on anything, even the nature of Pyrrhonism. For this would convict him of firm enough commitment to some beliefs to threaten sceptical tranquillity. Hence Pyrrhonism could never coherently be an institutionalized school. This is one reason why we know so little about its spread and influence.

The second 'anti-school' movement is the Cynics, deriving from the fourth-century figure Diogenes of Sinope, who set a model which was followed rather than setting up any formal institution. Cynics took their name from dogs (the ancient symbol of shamelessness), went in for street preaching and lived in ways which deliberately flouted social norms, the aim being to 'return to nature' by rejecting social convention. Some Cynics did teach informally, but as a philosophy it remained a way of life, attracting moralizing drop-outs. It could never be a philosophical school, since Cynics rejected reasoned argument, taking it that there is really nothing difficult to understand and that the answers to life's problems are simple.

The final break

The end of ancient philosophy as a living tradition is hard to date, especially since the end of antiquity – the culture of Greece and Rome – is also not something to which a neat date can be given. When the Roman Empire split, the Eastern, Byzantine empire retained political and cultural unity, and philosophy remained there as an academic study, though in partial and restricted form. In the Western part all such unity crumbled, and philosophical texts were (some of them) preserved in monasteries by people who were no longer part of the tradition they contained. Even knowledge of Greek, the language of the major texts, was lost. When philosophy developed again, some of the tradition, mainly Aristotle and some Plato, became part of it, but within a different, theological framework. Not until the Renaissance did it become possible to study the ancient texts independently, and study of

Aristotle still has to contend with the after-effects of his medieval transformation.

There is therefore something to be said for dating the end of ancient philosophy, as a living tradition, in AD 529, the year in which the Christian Emperor Justinian closed the schools of pagan philosophy in Athens. Like many famous historical moments, this one crumbles somewhat under historical investigation. Athens had long ceased to be the major philosophical centre; it is not clear that any philosophical schools were functioning there other than the Platonists; Justinian did not actually close the schools, but at most seems to have forbidden pagans to teach, and the decree does not seem to have been effective. Pagan philosophy was in trouble before 529, and trickled on to some extent afterwards.

9. On a Christian tomb, a philosopher sits next to a praying figure

Yet there is a rightness to the idea that it was intolerance by a Christian Emperor that marked the tradition's end. Jews and Christians in the ancient world had always faced a choice between rejecting philosophy entirely in favour of faith and loyalty to scripture, and trying to incorporate at least some philosophy into their own traditions. They did this by claiming that philosophy was a development in distorted form of some of the deep truths in Judaism and Christianity. Such an approach, however, is not only selective but curtails drastically the space for reason and argument, always so central to the activity of ancient philosophers. Jewish and Christian writers in the ancient world have by and large served as transmitters to us of (parts of) the philosophical tradition, rather than as participants in it. With Christianity a single intellectual view of the world was imposed, and philosophy was mostly unable to continue its task of questioning and reasoning about our beliefs.

Ancient philosophy and philosophy today

Since its recovery, ancient philosophy has played a mostly respected and occasionally influential role in the development of philosophy in Western European countries, which have seen themselves as the inheritors of the culture of the ancient Greek and Roman world, and also in philosophy in countries culturally influenced by Western Europe, such as North America and Australia. Different parts of the hugely varied ancient tradition have been found compelling at different times. The Stoics were influential in the eighteenth century, relegated to specialist studies in the nineteenth; exactly the opposite happened to Plato. At times the idea of Great Thinkers has led to a view of 'the canon' as a parade of Great Thoughts, to the neglect of their argumentative context. The tradition has been capacious enough to give rise to an variety of differing engagements – all, for the last three centuries at least, appreciating the importance to it of reasoned argument for philosophical understanding.

There has, however, been one unfortunate result of this stress on reason and argument. It has sometimes given rise, in the later ancient world and also in the twentieth century, to a simplifying tendency to see other philosophical traditions, particularly 'Eastern' ones, as radically different and 'other', characterized by lessened emphasis on argument and a greater stress on mysticism and a search for wisdom by non-rational means. This has sometimes led to the view that they are more primitive than the 'Western' tradition, because it honours reason. But it has also led, by reaction, to the view that they are more profound than the 'Western' tradition, which prizes what gets seen as superficial squabbling. In the late twentieth century especially, sweeping attacks have been made on reason and its place in the 'Western' tradition, and ancient philosophy has often been the subject of (usually ill-informed) attacks.

Both tendencies have been unfortunate; they lead to crude contrasts which are unhelpful and in large part untrue. This holds particularly with respect to the philosophy of India. Ancient India produced a large and wide philosophical tradition, encompassing materialism, scepticism and empiricism as well as schools tending to mysticism and forms of idealism – a tradition which is comparable to ancient Greek and Roman philosophy in extent and variety. Yet both Westerners and many Indians have (unless they are specialists) emphasized only those schools that form a contrast to Western philosophy. Students often think that 'Eastern' philosophy, including Indian, will be all similar and nothing like the 'Western' tradition. We have yet to reach a completely post-colonial view, which can get beyond the false contrast of 'Western rationalism' and 'Eastern mysticism' and recognizes the strong affinities between some of the Indian traditions and ancient Greek and Roman traditions more familiar in the West. (It has been suggested, for example, that there are affinities between Pyrrhonian scepticism and the Madhyamika school of North Indian Buddhism, whose founding figure is Nagarjuna, who was perhaps contemporary with Sextus Empiricus. In view of the story that Pyrrho earlier visited North India with Alexander's army, there is even the possibility of historical influences on both sides, particularly given the continued Greek presence in Northern India.)

I shall close with a view of ancient philosophy by an intellectual insider with an outsider's perspective – Lucian of Samosata, a second century AD satirical author. In his essay *The Runaways* he has Philosophy remind her father, the chief god Zeus, of the reason he sent her down to earth in the first place, namely so that humans, hitherto ignorantly and violently mismanaging their lives, would do better. First, she continues, she went to India, to the Brahmans, then to Ethiopia, Egypt and Babylon, and then to Thrace, the wild north. Finally she went to the Greeks, which she had thought would be the easy part, given their intellectual reputation. But it turned out to be harder than she expected. After a promising start, the Sophists mixed philosophy up with – well, sophistry. And then the Athenians executed Socrates! Philosophy goes on to complain about the less than wonderful time she went on to have in Greece. Most people respect her, she says, though without much understanding her, and there are genuine philosophers who love and strive for truth, and this makes it all worth while. But there are also bogus philosophers who aim only at money and status, and bring her into discredit, and they drive her crazy. She needs a bit of divine help to improve the situation.

In the ancient Greco-Roman world philosophy, for better and worse, became a subject, with its own practices, texts and institutions. It was a more urgent matter to its practitioners and its audience than it is for us now. Philosophy was seen as a natural extension of an ordinary good education, given the importance of living well, and the importance of philosophy for doing that. For us there is more of a tension than there was for the ancients between the idea that philosophy enables us to understand ourselves and the world, and the idea that it is a rigorous and intellectually demanding matter. The important role in life played by philosophy in the ancient world has been taken over by a variety of other interests and pursuits. But philosophy still matters, and in many ways we can still relate our concerns to those of the ancients, and find that our study of them leads naturally to direct philosophical engagement. We still have Philosophy's problem and, lacking divine help, we still have to do the work, search for the truth, and expose the bogus for ourselves.

Timeline

600 BC 550 BC 500 BC 450 BC 400 BC 350 BC 300 BC 250 BC 200 BC

Thales
Xenophanes
Anaximander
Anaximenes
Pythagoras
Parmenides
Zeno of Elea
Heraclitus
Empedocles
Anaxagoras
Socrates
Aristippus
Democritus
Antisthenes
Plato
Diogenes of Sinope (The Cynic)
Aristotle
Theophrastus
Pyrrho
Epicurus
Zeno of Citium
Chrysippus
Archimedes
Arcesilaus
Carneades

150 BC 100 BC 50 BC AD 1 AD 50 AD 100 AD 150 AD 200 AD 250

Antiochus
Cicero
Seneca
Epictetus
Sextus Empiricus
Plotinus

AD 300 AD 350 AD 400 AD 450 AD 500 AD 550

Augustine

Further Reading

The fragments of the Presocratics can be read in Jonathan Barnes's *Early Greek Philosophy* (London, 1987) and in Richard McKirahan's *Philosophy Before Socrates* (Indianapolis, 1994). The McKirahan collection contains commentary, and an excellent philosophical introduction is Jonathan Barnes's *The Presocratic Philosophers* (London, 1979).

Plato's dialogues can be best read in *Plato: Complete Works*, ed. J. Cooper and D. Hutchinson (Indianapolis, 1998). There are also good translations of single dialogues, with commentaries and introductions, published by Oxford (in the World's Classics series), Penguin, and Hackett. A good introduction is *The Cambridge Companion to Plato,* ed. Richard Kraut (Cambridge, 1992).

The standard translation of Aristotle is the revised Oxford translation, to be found in *The Complete Works of Aristotle*, ed. Jonathan Barnes (Princeton, 1984). *Aristotle: Selections*, ed. T. Irwin and G. Fine (Indianapolis, 1995) is a good introductory selection. A good introduction is *The Cambridge Companion to Aristotle,* ed. Jonathan Barnes (Cambridge, 1995).

Stoics, Epicureans and Sceptics can be read in B. Inwood and L. Gerson, *Hellenistic Philosophy* (Indianapolis, 1997), and also in A. A. Long and D. Sedley, *The Hellenistic Philosophers* (Cambridge, 1987). There is unfortunately no good English collection of the fragments of the

Cyrenaics. For Pyrrhonism see *Sextus Empiricus: Outlines of Scepticism*, trans. Julia Annas and Jonathan Barnes (Cambridge, 1994), and also *The Modes of Scepticism* (Cambridge, 1985) by the same authors. A good introduction is R. Sharples, *Stoics, Epicureans, Sceptics* (London, 1996). For Middle Platonism see John Dillon, *The Middle Platonists* (Ithaca, 1997), and for Neoplatonism see R. T. Wallis, *Neoplatonism* (London, 1972).

Ancient philosophy is so varied that there is no good detailed history of the entire tradition by a single author. A very brief introduction is T. Irwin, *Classical Thought* (Oxford, 1989). Also good is C. Gill, *Greek Thought* (Oxford, 1995). W. K. C. Guthrie's six-volume *History of Greek Philosophy* (Cambridge, 1962–1981), ends at Aristotle and is uncritical, but is a good guide to sources. Histories of ancient philosophy have for some time taken the form of studies of particular philosophies or issues, rather than a single narrative of the whole tradition. Many can be found in the bibliographies of the works mentioned below.

A introductory reader, with texts arranged round issues rather than chronologically, is Julia Annas, *Ancient Voices of Philosophy* (Oxford, 2000). A more comprehensive reader for advanced students, also arranged topically, is Terence Irwin, *Classical Philosophy* (Oxford, 1999).

Chapters on philosophy at various periods can be found in the *Oxford History of the Classical World* (Oxford, 1986). Excellent reference works are the *Oxford Classical Dictionary*, 3rd edition (Oxford, 1996), and *The Encyclopaedia of Classical Philosophy*, ed. Don Zeyl (Westport, 1996).

The forthcoming multi-author *Cambridge History of Hellenistic Philosophy* and *Cambridge History of Greek and Roman Political Thought* are good guides to the areas they cover.

An extremely useful series is the *Cambridge Companions to Ancient Thought*, edited by Stephen Everson. These are *Epistemology* (1990), *Psychology* (1991), *Language* (1994) and *Ethics* (1998).

Notes

The Notes mention only authors and topics not covered in the Further Reading.

Chapter 1

Euripides' play is available in many modern translations. The Epictetus passages are *Discourses* I 28 and II 17; many modern translations are available. Plato's account of the divided soul can be found in Books 4 and 9 of the *Republic*, and in *Phaedrus*, especially 244–257; also in parts of *Timaeus*. Galen's comments are from his *On the doctrines of Hippocrates and Plato* III 3; there is a translation in the *Corpus Medicorum Graecorum*, the collected texts and translations of Greek medical writers. For further explorations of this theme in ancient philosophy see A. Price, *Mental Conflict* (Oxford, 1995), and C. Gill, *Personality in Greek Epic, Tragedy and Philosophy* (Oxford, 1996), especially Chapters 3 and 4.

Chapter 2

The case for seeing the *Republic* as primarily an ethical work, as in the ancient tradition, is developed in Chapter 4 of Julia Annas, *Platonic Ethics Old and New* (Ithaca, 1999).

There has been extensive work on the impact of ancient Greek culture on the Victorians, but there is little good on ancient philosophy. Of the available books, the best is Frank Turner, *The Greek Heritage in Victorian*

Britain (New Haven, 1981); see also his article, 'Why the Greeks and not the Romans in Victorian Britain?' in G. W. Clarke (ed.), *Rediscovering Hellenism: the Hellenic inheritance and the English imagination* (Cambridge, 1989).

On the role of the Utilitarians see Kyriakos Demetriou, 'The Development of Platonic Studies in Britain and the Role of the Utilitarians', *Utilitas* 8 (1996). Two excellent articles are John Glucker, 'Plato in England: the Nineteenth Century and After', in H. Funke (ed.), *Utopie und Tradition: Platons Lehre vom Staat in der Moderne* (Würzburg, 1987) and 'The Two Platos of Victorian Britain', in K. Algra *et al.* (eds.), *Polyhistor* (Leiden, 1996).

I have considered England; for the early American tradition see Carl J. Richard, *The Founders and the Classics* (Cambridge MA, 1994). The European tradition differs between countries and is highly complex: see the papers in Ada Neschke-Hentschke (ed.), *Images de Platon et Lectures de ses Oeuvres: les interprétations de Platon à travers les siècles* (Louvain-Paris, 1997.

Grote's *Plato* and John Stuart Mill's long review of it are still richly rewarding; see Mill's *Collected Works*, vol XI (Toronto, 1978).

The quotations from Popper are from *The Open Society and its Enemies*, vol 1 (London, 1945). John Wild's book was published in Chicago in 1953. Whitehead's very famous remark is from *Process and Reality* (Cambridge, 1929), Part 2, chapter 1, section 1. The *History of the University of Oxford* is edited by T. Aston, and the quotation is from p. 529 of vol. 5, *The Eighteenth Century* (Oxford, 1986).

Chapter 3

Xenophon's story comes from his *Memorabilia (Reminiscences of Socrates*), Book II, 1. Evidence for the sophists' ideas can be found in R. McKirahan's *Philosophy before Socrates* (Indianapolis, 1994). Ancient eudaimonist theories are set out and discussed in Julia Annas, *The Morality of Happiness* (Oxford, 1993). Aristotle's major theoretical discussion of happiness is in Book 1 of the *Nicomachean Ethics.* The views of Epicurus and the Stoics on happiness are best studied in books 1–4 of Cicero's *On Moral Ends* (*De Finibus*); see the English translation by Raphael Woolf (Cambridge, 2001).

Chapter 4

On Socrates see Christopher Taylor's *Socrates* (Oxford. 1998), an excellent short introduction. Socrates' own account of the oracle is in the *Apology.* Socrates served as the symbolic figure of the ideal philosopher for most ancient schools; the Epicureans are the main exception; for them the ideal philosopher should be as serious and unironic as Epicurus. Plato's most elaborate account of knowledge is in the central books of the *Republic*; his attacks on relativism, and indications of his concern with empirical knowledge, are in the *Theaetetus.* Aristotle's discussion of the structure of a science is in the difficult *Posterior Analytics*; see also the opening chapters of Books 1 and 2 of the *Metaphysics* for his account of the development of knowledge, and *Parts of Animals*, Book 1, chapter 5, for a defence of studying widely differing kinds of subject-matter. An indispensable introduction to the wide range of ancient theories of knowledge is S. Everson (ed.), *Epistemology* (Cambridge, 1990).

Chapter 5

For Aristotle's logic see Robin Smith's translation of the *Prior Analytics* (Indianapolis, 1989) and his chapter in the *Cambridge Companion to Aristotle*, ed. J. Barnes (Cambridge, 1995). There is unfortunately no good English translation of the sources for Stoic logic; see the relevant sections of Inwood and Gerson, and of Long and Sedley. The sources are collected in Karlheinz Hülser, *Die Fragmente der Dialektiker der Stoiker*, 4 vols (Stuttgart, 1987).

On Hellenistic science see G. Lloyd, *Greek Science after Aristotle* (London,

1973). For clear introductions to Aristotle's metaphysics and philosophy of science see the chapters in the *Cambridge Companion to Aristotle.* There is little sustained philosophical discussion of Stoic and Epicurean metaphysics; there is, by contrast, a huge literature on Plato's 'theory of Forms': see the *Cambridge Companion to Plato.*

Chapter 6

The Further Reading gives suggestions for following up the history of ancient philosophy. The quotation from Martin West is from 'Early Greek Philosophy', in *The Oxford History of Greece and the Hellenistic World*, (Oxford, 1986). The comment that Plato is just Moses in Greek is fragment 8 of Numenius, a second-century Platonist who tended to see all Great Ideas in different cultures as being the same. Eusebius, in X 1 and XI 1 of his *Preparation for the Gospel*, claims more strongly that Greek philosophy steals all its ideas from the Jewish scriptures. The contrasting quotations about the nature of the beginnings of Greek philosophy are from John Burnet, *Early Greek Philosophy* (London, 1892) pp. v, 13, 28, and from Francis Cornford, *Principium Sapientiae: a study of the origins of Greek philosophical thought* (Cambridge, 1952) pp. 154–155.

“牛津通识读本”已出书目

古典哲学的趣味
人生的意义
文学理论入门
大众经济学
历史之源
设计，无处不在
生活中的心理学
政治的历史与边界
哲学的思与惑
资本主义
美国总统制
海德格尔
我们时代的伦理学
卡夫卡是谁
考古学的过去与未来
天文学简史
社会学的意识
康德
尼采
亚里士多德的世界
西方艺术新论
全球化面面观
简明逻辑学
法哲学：价值与事实
政治哲学与幸福根基
选择理论
后殖民主义与世界格局
福柯
缤纷的语言学
达达和超现实主义
佛学概论
维特根斯坦与哲学
科学哲学
印度哲学祛魅
克尔凯郭尔
科学革命
广告
数学
叔本华
笛卡尔
基督教神学
犹太人与犹太教
现代日本
罗兰·巴特
马基雅维里
全球经济史
进化
性存在
量子理论
牛顿新传
国际移民
哈贝马斯
医学伦理
黑格尔
地球
记忆
法律
中国文学
托克维尔
休谟
分子
法国大革命
民族主义
科幻作品
罗素
美国政党与选举
美国最高法院
纪录片
大萧条与罗斯福新政
领导力
无神论
罗马共和国
美国国会
民主
英格兰文学
现代主义
网络
自闭症
德里达
浪漫主义
批判理论

德国文学
戏剧
腐败
医事法
癌症
植物
法语文学
微观经济学
湖泊
拜占庭
司法心理学
发展
农业
特洛伊战争
巴比伦尼亚
河流
战争与技术
品牌学
数学简史
物理学
行为经济学
计算机科学
儒家思想

儿童心理学
时装
现代拉丁美洲文学
卢梭
隐私
电影音乐
抑郁症
传染病
希腊化时代
知识
环境伦理学
美国革命
元素周期表
人口学
社会心理学
动物
项目管理
美学
管理学
卫星
国际法
计算机
亚当·斯密

电影
俄罗斯文学
古典文学
大数据
洛克
幸福
免疫系统
银行学
景观设计学
神圣罗马帝国
大流行病
亚历山大大帝
气候
第二次世界大战
中世纪
工业革命
传记
公共管理
社会语言学
物质
学习
化学
天体物理学